天下文化
BELIEVE IN READING

開創

政治大學對台灣管理教育的貢獻

許士軍、劉水深、司徒達賢等————————口述

楊倩蓉———採訪整理

CONTENTS
目錄

序文
回首來時路──一個受惠者的感恩
逢甲大學人言講座教授　許士軍

　　在整整一甲子之後的今天，重溫政大企管教育創辦的歷史，所報導的史實，誠如本書前言標題所示，代表政大「帶動台灣商管人才培育的先驅」的重要貢獻。如今留下書面記載，使得多年來隱存內心的一種缺憾，頓然有釋然之感。當然，在此，也十分感佩，促成本書出版問世的幕後推手。

　　回憶當年往事，映現心頭，有如白頭宮女話當年，吉光片羽，在此稍作補遺，感謝出版者給予這樣一個機會。

　　記得這恐怕是一九六〇年代台灣接受美援的最後的一個計畫，政大在校內一舉創設五個新的單

位。就位置而言，有位於台北市區內的「公共行政
暨企業管理教育中心」,「公共行政研究所」,和「企
業管理研究所」三個單位；另有位於政大木柵校本
部的「公共行政學系」（屬於「法學院」）與「企業
管理學系」（屬於「商學院」）。這種安排，乍看之
下，有違一般人心目中的大學體制，令人感到詫
異，其實這是具有深意的，稍後再談。

事實上，還值得一提的，就是另一個指導委員
會，位於這五個單位之上。當時凡是校內有關企業
管理與公共行政教育的重要政策興革之事，都要經
過這一委員會的討論和決議，然後才彙報校方核定
施行。

事後想來，政大創設這些單位，和台灣的社會
經濟發展階段存在有密切關係。當時正是所謂台灣
「經濟起飛」階段。美方認為，此時的台灣，應當
加強兩種人才的培育：一為公共行政，亦即政府文

官人才；另一則為企業經營人才。當時將兩個研究
所設於台北市區，和公企中心同一地址，而和同一
名稱的學系分開。主要是因為在顧問心目中，依美
國大學學制，這兩個研究所所授予的碩士學位，分
別為MPA和MBA，乃屬於專業（professional）性
質的學位，並非一般學術（academic）性質的MA。
而且在美國，這種性質的教育，多未設有大學部的
同類學系。但是，在台灣為了配合我國大學法，卻
必須先有學系，才能設研究所，所以才會發生同樣
名稱的所系，卻分設於兩地這回事。

　　我們也可以從設於金華街這兩個研究所的英文
名稱，看出其獨立性質；他們都分別冠以the
graduate school，類似美國大學中同類組織，並無
二致。這種組織安排，要等到日後教育部推動所謂
「所系合一」制度時，才將這兩個研究所先後遷回
木柵校本部，分別回歸法學院和商學院，成為兩相
關學系的碩士班。相信這也是本書選擇將內容涵蓋

到此為止的背景。

台灣商管教育變革與個人生涯改變的起點

誠如本書中所描述，政大創設企業教育之理念和課程內容，並非國內原有「商學」教育學制之延伸，而是將一九六〇年代美國方始成形的MBA學程觀念移植到台灣。這種創新做法，目的是，冀望使台灣在商管人才的培育上，得以趕上台灣欣欣向榮的經濟與產業發展的人才需要。但是也因此，很自然地，帶動台灣整個商管教育的變革，也說明了本書問世所帶來的特殊價值和意義。

除了上述相關背景的補述以外，也希望藉此機會，說明了個人如何在這同樣六十年間和管理教育結下不解之緣的生涯歷程。

原因是，在上述美援計畫下，為了培訓嶄新學

程所需要之師資，乃遴選校內外人才赴美進修。由於當時美國顧問們認為，企管教育不能只限於大學門牆之內，必須和實務業界建立密切關係，因此乃由校方主動洽請經濟部推薦適當人選參與遴選，恰好個人當時以高考經濟行政人員資格，在經濟部國營事業司任職，因而獲得推薦。經面試入選後，此從開始了個人從事管理教育的一生。這可以說是一個緣分，也是一個非常幸運的緣分。

在該計畫項下，全部有十八位名額；企業管理和公共行政兩類，各有九個名額赴美進修，除公共行政類中有少數幾位到美國匹茲堡大學外，其他主要都是到密西根大學。而我是所有人選中首批出發的三人之一（其他兩位屬於公共行政類）。離開亞熱帶的台灣，到達大雪紛飛的北國，於一九六三年元月春季班入學。就個人而言，自此以整整兩年時間，計四個學期又兩個暑期，完成 MBA with distinction 學位。

一九六五年初返校任教，剛好趕上了擔任研究所及學系首屆同學的行銷課程。自此開始，以迄一九七八年赴美任教時止，計有十四個年頭在政大任教。其間很榮幸地，繼楊必立和任維均兩位前輩之後，先後擔任第二任的企管系主任及企管系所所長。

直到今天，個人一共在國內外八所大學任教，都和企管教育有關，一生的學習領域和志業始自政大。回顧前塵，一切猶如昨日，不勝感念和感恩。

展望未來，目前世界已非六十年前的世界。物轉星移，企業經營與管理，和當年相較，面目全非。目前企業所面臨的，既是一個全球化的世界；也是一個網路和數位化的世界。企業組織，既非當年所講求的層級結構和部門組織做為主流，也超越了事業部經營及產業策略的經營典範。取代的是，「去中心化」和「無邊界化」的組織。這種組織，透過

平台和雲端，提供個人發揮創業之生態環境。

再者，企業在達成目標上，也不在再侷限於價美物廉、營收成長、投資報酬；更超越顧客滿意的層次，而必須對社會及地球生態有所助益。在這巨大且顛覆性的改變下，今後企業經營，也已超越management層次，而必須講求governance，才能獲得生存及發展的正當性和尊重。

談罷全書，深感在六十年前的政大，洞察先機，在企管人才培育上開創新猷，引領風騷，對於台灣經濟發展，帶來重大貢獻。

在此衷心期待，在今後驚滔駭浪的世界中，政大以及台灣的商管教育，仍然勇往直前，承當時代所賦予的新任務和新使命。

前言
帶動台灣商管人才培育的先鋒

　　為什麼要撰寫政治大學企業管理系、企管研究所及公企中心的歷史？

　　從社會發展的觀點來看，政大企業管理教育的獨特性與意義，不只是一個學校科系的歷史，更在於它的開創精神，持續因應當時社會環境需要，在教育上，進行一連串創新舉措。影響層面從人才培育到管理人才知能的提升，讓人得以從其中一窺台灣過去六十年來，各產業企業經營者在接受政大新式管理教育洗禮下，如何一路轉型為今日的樣貌。

　　尤其，全球從二○二○年起，新冠肺炎的大流行，衝擊傳統組織固有的運營方式，無論是教育或

是其他產業，都迎來巨大挑戰；如何找到一條未來可行的道路？如何重開機？以古鑑今，或許可以從政大企管研究所及企管系發展的開創經驗裡，從那些突破現狀、落實執行的教育家身上，從他們當年對學程的先進設計、創新的招生方式，以及教學重點與方式的改革與努力，獲得啟示。

台灣商管人才培育的領航員

本書首先回溯一九六〇年代，一甲子前的台灣，面對美援即將終止，為了自力更生，台灣開始一連串經濟改革，造就了日後台灣經濟快速起飛時期。而在這一連串產業擴展與轉型過程中，有一個很重要的關鍵，就是一九六二年，在中美雙方政府合作下，美國密西根大學（University of Michigan）來台與政治大學簽訂合作計畫，其中包括於政大增設企業管理和公共行政兩個學系、研究所及公企中心，開啟國內 MBA 教育的第一步。

　　為什麼說是關鍵？因為這不僅是中美雙方政府重要的高等教育的知識轉移計畫，而政大在執行此計畫下，為國內管理教育，尤其是MBA教育進行許多開創之舉。

　　台灣在六十年前，並沒有培養企管相關專業人才的機構，即使有工商管理科系，培養的也是簿記、會計人才，而不是能提供企業策略發展與組織進步的企業高階領導人與專業經理人才。也因此，一九六二年政大成立企業管理學系，以及一九六四年成立的企業管理研究所，成為國內第一個引進現代企業管理知識的高等教育與機構，開啟華人現代管理教育的先河。

　　同時，政大與密西根大學也在台北市金華街成立政大公共行政及企業管理教育中心（簡稱公企中心，於一九六二年成立），將政大企研所設址於此之外，公企中心更成為台灣在職管理教育起源地；

在當年企業經營者苦無進修管道的年代，公企中心陸續創辦各種在職進修班次，對外招收企業中高階管理人士，成為業界企管人士唯一的專業進修管道，從企業經理進修班、企業高階進修班、會計班、英文進修班等各類進修班，提供社會經營管理者持續充電進修機會。除此之外也為政府辦理各種公務人員的培訓班次。

培植企業轉型，奠定高科技產業的基礎

政大企管教育究竟有哪些開創性與獨特性？

在名稱上，政大首創企業管理系及企業管理研究所，後來其他各大院校紛紛跟進，也都以企業管理為系所名稱；原本被稱為「市場學」（marketing）的課程，也被政大定名為「行銷學」，如今普遍為大家所用。

在招生上，打破研究所名額三到十人限制的傳統，增收四十至五十位名額；並進而打破傳統科系限制，歡迎各科系畢業生報考，讓許多理工科畢業生趨之若鶩，也因此為許多優秀的理工人才提供更多元的職涯發展。

在課程設計上，引進當時美國最新MBA學程的架構，強調以培養經理人為目標的通才教育，並首次將哈佛個案教學引進台灣的MBA教育中，鼓勵學生課堂參與式討論，成為政大企研所的教學特色，也帶動國內個案教學風潮。

在師資上，打破名額限制，爭取國外企管博士返台任教，當時幾乎所有返國企管博士全部齊聚政大企管研究所開課，從行銷、財務、人事、組織管理、策略管理等，師資陣容齊全，盛極一時。

在本土師資培育上，由於早期國外博士返台者

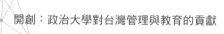

較少，政大企研所於一九七六年首創國內第一個企管博士班，為國內各大專院校提供許多優秀博士級的師資，成為台灣各大商學院的師資搖籃。

除了正式的MBA教育外，政大也首度開啟企業在職人士有學分的正式進修管道，影響後來產業發展甚鉅。在一九八〇年代，台灣經濟再度轉型及高科技產業起飛時，政大排除萬難，打破學位限制，首創只授與學分，不授與學位的在職專班，且不必筆試，用甄試方式招生，相繼成立企業家經營管理研究班（簡稱企家班）及科技管理研究班（後改為全球科技事業經營管理研究班），協助他們升級管理能力。

此外，在學術上，政大企研所也首創全球第一本華文管理學學術期刊《管理評論》、首創國內第一套中文企業管理文獻資料庫「企管文獻摘要檢索系統」，以及最早翻譯哈佛個案，蒐集並發行本土

企業個案集等。企管系也發行過台灣最早的企業管理學報。

本書主要從一九六〇年代，美國密西根大學來台與政大成立企管研究所及企管系開始談起，直到一九九六年之前，這段長達三十幾年的期間，政大在台灣當時面臨社會與經濟變革同時，如何扮演重要的企管教育開創角色，配合政府及社會需求，為國家社會培養管理人才，引領當時台灣管理教育風氣。至於一九九六年，政大企管研究所與大學部合併為企業管理學系，完成系所合一；各校企管教育也已陸續成熟，普遍成立商管學院並設立MBA、EMBA班級，政大完成階段性任務，故一九九六年以後的歷史，本書則不再做敘述。

本書主要撰寫早期政大企管教育的開創與成果，這些成果除了管理教育外，也表現在早期校友的知能成長、感受及成就上。於此之故，本書作者

特地走訪一九九六年以前入學的校友，包括政大企管系、企管研究所博士班、碩士班、企家班及科技班，以及企家班目前的會長與秘書長。

透過這些早期各界傑出的政大企研所系的校友，從學界、政界到企業界等著名人士；從他們個人的經歷出發，親自回顧政大企管教育對台灣企管教育發展，如何影響他們的一生，無論是人生方向或是事業經營理念，都有十分深刻而精采的分享。

第一章

乘風而上

孕育台灣管理人才，放眼國際市場

政大企研所的 MBA 教育，在台灣經濟起飛
的年代，在許多產業轉型上，起了關鍵的重
要作用；尤其早期台灣，企業在管理上尚處
於權威式領導的方式，對企業管理幾乎無概
念，政大自美國引進最新的 MBA 教育，從
課程根本上著手，帶動國內大專院校及企業
對管理教育的重視。

　　一九六三年元月，美國大雪紛飛的冬天，來自台灣第一批被派送至美國進修MBA教育及公共行政的年輕教師，開始了他們在密西根大學的MBA課程；這是一九六〇年代美援計畫下所催生的密西根計畫，由密西根大學來台與政大合作，展開MBA人才培育計畫，除了協助國內設立企管教育系所外，並由政大前後選派十八位年輕教師前往美國進修公共行政及MBA教育，擔任種子教師。第一批赴美的年輕教師共三位，分別是進修公共行政的華力進及王國璋，以及進修企管的許士軍。在此計畫下，還有另外八位也獲選送到密西根大學進修MBA課程。

　　畢業於台大經濟系及政大政治研究所，時年二十七歲的許士軍，原本在經濟部工作；他回憶，美國人認為培育企管教育人才，將來是要為企業所用，但當時國內多是國營企業，台塑與宏碁這些民營公司都尚未出現；而台電與台糖都是經濟部所屬

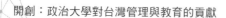

事業，因此由經濟部做為企業橋梁，推薦名額給政大，許士軍獲選參加這項師資培育計畫，他也因此成為全台第一位赴美攻讀MBA並獲得學位的人。

他在密西根大學念MBA時，特別多選讀行銷（marketing）領域的課，當時在國外尚屬於新興領域，他在課業上表現優異，因此成為全台第一位拿到優等的MBA學位（MBA with Distinction）的人。

學成返國後，做為全台第一批企管教育種子教師，他到政大企管系任教，帶回美國最新的管理教育觀念與方法，並接任政大企管系系主任；後來再赴美國密西根大學攻讀企管博士學位，回台後接任政大企管研究所第二任所長，在校方（李元簇校長）大力支持下，企研所獲得較多名額，延攬師資，推動MBA教育不遺餘力。許士軍後來也成為台大管理學院創院院長，並創辦長庚大學管理學院，對台灣管理教育貢獻極大。

　　早期具備留美博士學位的師資，本來就是鳳毛麟角，更何況是企管博士，這是因為台灣學術界待遇一直偏低，包括香港、新加坡提供的教師待遇都比台灣高，而台灣自己培養的人才到國外念書後，也少有返台；不過，當年所有留美返台的企管博士，幾乎全部都在政大教書；例如，許士軍在政大企管系任教時的學生，司徒達賢後來在西北大學（Northwestern University）拿到企管博士，曾經先後擔任政大企管系主任、企研所所長，更是企家班永遠的總導師。他剛自美國獲得學位返台時，當時正是許士軍擔任第二任所長期間，政大企研所的老師全部都是企管博士，可見當年盛況。

　　此外，政大企研所的 MBA 教育，在台灣經濟起飛的年代，對台灣商管人才的培育，也起了關鍵的重要作用；尤其早期台灣，企業在管理上尚習慣於傳統的領導方式，對現代企業管理幾乎毫無概念，政大自美國引進最新的 MBA 教育，從課程根

本理念著手，因而帶動國內大專院校及企業對管理教育的重視。

　　至今，許多政大企管系及研究所畢業校友在回顧學生生涯這段歷程時，對於政大系所的課程設計、師資陣容，以及扎實的理論與訓練，依舊歷歷在目。至於，為什麼會有密西根大學來台與政大展開MBA教育合作計畫？這得從一九六○年代的美援計畫開始說起。

催生政大與美國密西根大學合作

　　一九四五年，台灣光復初期，因為剛經歷過戰爭，生產力尚未恢復，但內需又急速增加，導致物價上揚，於此之故，美國自一九五○年開始，提供台灣經濟援助，至一九六五年共十五年間，總共援助十五億美元。

美國既然決定在一九六五年停止美援，便透過國際開發總署（Agency for International Development, AID）開標，由美國密西根大學得標，代表國際開發總署到台灣設立MBA（企管碩士班），用培養台灣企管人才的方式來替代美援物資。[1]

許士軍指出，一九六〇年代，台灣經濟快速發展，已經開始培育科技人才與技術人才。當時中華民國與美國仍為邦交國，彼此關係良好，然而美國覺得台灣除了科技人才外，還急需兩種人才：一是政府所需的公共行政人才，二是企業所需的經營管理人才。因此，自一九六〇年至一九六五年，先後長達五年，政大與密西根大學展開人才培育計畫。

他在其著作《轉型中的我國大學和管理教育》一書中指出，早年台灣的大學沒有公共行政系，只有政治系，但其實政治系也不是為了訓練擔任公務人員；而經濟系傳授的也不是管理知識，而是研究

社會經濟行為、勞力、土地資本與生產論等，但一般人都覺得，經濟和管理是一樣的。即使台大早在一九四七年，已經在法學院下成立商學系，也是當時唯一四年制的商學系，但當時商學系念的主要是會計，包括銀行會計、政府會計、審計、統計；連財務管理和行銷都沒有，雖然會計是經營企業的基礎學科，「但美國學者指出，這不是培養企業經營人才，」許士軍說。

他以美國企管教育為例，一九六〇年代以後，主要是MBA學程，較少學校提供屬於大學部的BBA學程，課程結構從過於專門化，轉而朝通才教育邁進。

兩類急需增強的人才

許士軍指出，早年本土企業界並無企業管理概念，主要是找工程相關科系畢業的人，管理職位則

以經濟系畢業生為多，而當時商學系畢業，多半是
到商業職業學校教書；他舉例民國四十一年，他念
台大經濟系時，經濟系有一百四十一人，商學系才
二十八人。此外，除了公營事業外，財金官員也多
是台大經濟系校友。

那時候，從台糖、台電、中油、電信、銀行等
都是政府獨占的公營事業，幾乎沒有競爭對手，換
言之，就是沒有市場競爭的壓力；在這樣的時代氛
圍下，當然重理科、輕商管。[2]

至於，為什麼美國要協助台灣發展現代管理教
育？這與台灣當時產業的轉型有關。美國雖然自
一九五一年到一九六五年，即時提供援助，但台灣
畢竟無法長久倚賴美國援助，於是政府開始積極朝
經濟成長方面努力，從一九五〇年代後期，進行一
連串經濟改革，以提高國內企業生產力及競爭力。[3]

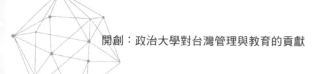

　　進入一九六〇年以後，台灣經濟快速起飛，工業也正快速發展，過去只強調技術人才為導向的時代，如今，必須朝專業管理方向邁進，才能讓企業壯大。這就是當時美國認為，如果台灣要繼續壯大經濟，就必須趕緊培養兩種人才：一是企業管理人才，而不是只是簿記及會計的人才；二是公共行政人才。

台灣管理教育啟蒙地

　　於是，一九六〇年代，台灣的管理教育革命，就是在這種重理工、輕商管，但是經濟卻開始快速起飛，急需管理專才的時代背景下，從政大展開。

　　密西根大學與政大簽訂五年合作計畫，一九六〇年到一九六五年之間，由密西根大學組顧問團來台，協助政大成立共四個系所，負責培育公共行政及企業管理人才，分別是公共行政學系及研究所、

企業管理學系及研究所；以及公企中心提供外界這兩個領域有關的研究諮詢及人才培訓服務。

原本在東吳大學擔任經濟系教授，曾經在財政部任專門委員，同時也是中華民國第一部所得稅法起草人的經濟學家楊必立，從東吳轉調到政大，籌設政治大學企業管理研究所，並擔任企研所第一任所長；至於大學部企管系，則由大學聘請任維均（早期曾赴美留學，獲愛荷華大學碩士學位）擔任大學部企管系第一任系主任。

特別要提出說明的，則是在美援基金資助下，由政大在台北市金華街興建政大公共行政及企業管理中心，代表台灣大學教育的一大創新，其主要功能為提高與社會及實務界的交流互動；當時兩個研究所不在木柵校本部，而設於台北市金華街的公企中心新址，有助師生更接近企業界及政府機構，可以更密切聯繫而有利於理論與實務的結合。另一方

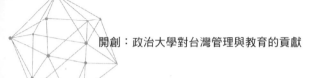

面，由於研究所設址於此，也增強了公企中心在學術上的實質能量與地位。

早期政大企管研究所與企管系是系所分開，企管系在政大校本部木柵上課，企研所則設在公企中心，碩博士生都在此上課，這種安排展現當時美國顧問團的匠心獨具。

顧問團攜家帶眷長駐台灣

許士軍說，一般顧問團不過就是蜻蜓點水來開會，指導一下就走人，但是密西根教授顧問團都是由密西根大學教授及其校友組成，因此也有匹茲堡大學教授在其中。「他們住在台灣，攜家帶眷，太太孩子都帶來，問題是要安排住在哪裡？」許士軍回憶。由於政大沒有多餘的空間，就與台大商量，剛好台大在基隆路與辛亥路附近（目前國家地震工程研究中心前面）有一塊地，裡面有些獨棟房子空

著，只要稍微整修一下就可以搬進去，於是政大就透過教育部，由台大租給政大，讓密西根顧問們住下來。

這個地點，「美國教授很喜歡，因為很像美國住宅區，有獨立房子與樹木，他們前後住五年，當時大家稱那邊為『密西根村（Michigan Compound）』，如果坐計程車只要說：『我要去密西根村』，大家都知道，」許士軍說。

密西根教授顧問團白天則在政大木柵校區裡，一棟由紅磚砌成的美麗建築「紅樓」內上班，他們比照美國在一九六〇年代的課程改革，為政大企管系及企研所設計一套課程，經過教育部專案核發，與當時商學系的課程完全不一樣。

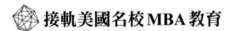 **接軌美國名校MBA教育**

在教育部專案核准下，政大企管系所的課程設計，是直接按照美國MBA課程設計，這在當時，是一件非常創新的事，具有劃時代意義，也讓台灣的管理教育起步，因此領先於大中華區。

尤其，當時政大企管教育直接承襲美國MBA課程，即使在當時的美國，也是非常新穎的課程設計。許士軍指出，美國MBA教育在一九六〇年代以前也是非常混亂，各大學比賽誰開的課比較多，但教出來的學生被企業界認為不好用，直到一九六〇年才開始重新整理課程，做出清楚定位，經AACSB（原為The American Assembly of Collegiate Schools of Business；現改為The Association to Advance Collegiate Schools of Business，國際高等商管教育聯盟）認可，那就是MBA教育應該是以「培養專業經理人」為目標。而密西根大學的MBA

當時名列全美大學前十名，政大企管系所課程直接承襲密西根大學MBA課程，等於是與國際MBA教育接軌。

另一方面，許士軍指出，由於這是國內第一所企業管理研究所，為了培育師資，在密西根及政大合辦的企業管理師資發展計畫下，由政大選派年輕教師及校友共十八位，前往密西根大學及匹茲堡大學（University of Pittsburgh）的公共行政研究所及企管研究所進修與深造，公行所派出九人，加上企研所派出九人，共十八人前往；企研所派出包括許士軍、熊祥林、徐載華、劉一忠、黃柱權、盛禮約、張鐵清、李傑、周廣冰共九人，前後分三、四批被政大送往美國密西根大學進修的年輕教師，日後學成返台，更是台灣第一批帶著美國最新企業管理觀念返台授課的教師。

在密西根計畫推動下，許士軍不僅是第一批被

政大送往美國密西根大學進修的十八位年輕教師之一，兩年後拿到學位，他於一九六五年元月返台時，也是台灣首位在美國取得MBA碩士學位的人。回顧早年求學經歷，他說：「我恰逢其時，正好是管理教育最蓬勃的時代。」因為美國到了一九六〇年，才有MBA課程；美國MBA教育也是自一九六〇年代以後才有一套被認可的標準。

哈佛模式，只設立企管研究所

當時MBA教育在美國有多紅？許士軍回憶留學歷程：「一九六三年，全美國不到一萬人獲有MBA學位，那時留在美國，畢業後馬上有綠卡，只要簽個字就拿到信用卡，簡直天之驕子！」

不過，他表示，美國一般管理教育，在幾個主要大學如哈佛（Harvard University）、史丹佛（Stanford University）、康乃爾（Cornell University）、

哥倫比亞（Columbia University）等大學，都只有
設研究所，沒有大學部；這就是所謂的「哈佛模
式」，而且無論大學主修為何，一律都可以進入企
管研究所研讀兩年。

　　什麼是哈佛模式？許士軍所著的《轉型中的我
國大學和管理教育》一書中指出，二次大戰前，美
國的管理教育在課程方面十分龐雜，缺乏主軸和系
統，使企業界感到十分困惑，因而在一九五九年，
由卡內基基金會（Carnegie Foundation）及福特基
金會（Ford Foundation）所贊助的重量級報告〈美
國企業人士的教育〉（The Education of American
Businessmen）和〈商業高等教育〉（Higher
Education for Business），針對過去管理教育進行檢
討，並對未來管理教育內容給予建議，開啟現代管
理教育的第一步。[4]

強調人文素養，培養領導人才

許士軍針對美國管理教育的發展與變革，特別指出，管理教育在發展過程中，不斷搖擺於學術與實務之間，這反映了大學管理學院所處的特殊地位。一方面，它必須和企業界保持密切關係，因為後者代表其賴以生存的市場；但是，另一方面，它又需要贏得校園內其他學者的尊敬，維持學術地位。

兩份重量級報告，一致主張MBA教育應以培養企業所需要的領導和經理人才為目標。許士軍說：「這兩份報告對一九六〇年代以後的美國管理教育發展，產生極大影響。例如，報告強調人文基礎的重要，即獲得AACSB接受，納入其大學企管學院認可標準之內，」而MBA這個名詞也在一九六一年，首次出現在AACSB的認可標準中。

因應台灣教育制度，增設企管系

許士軍指出，一九六〇年之前，美國企管碩士課程大致分為三種類型：一是達特茅斯學院（Dartmouth College）模式，就是大學三年加上研究所兩年，即「前三後二」制；二是哈佛模式，即大學畢業後，不管其主修領域為何，進入研究所研讀兩年；三是西北及哥倫比亞模式，大學畢業限經濟或商科，加上研究所一年。[5]

然而，福特基金會及卡內基基金會的兩份報告，都肯定哈佛模式最能貫徹管理教育主張，因為該模式強調，有工作經驗的人來念管理教育比較適當，且接受大學不同科系的人來念。

不過，國內的大學法規定，沒有設大學科系，就不可以辦研究所；若想辦研究所就非要有大學部不可，配合台灣的教育制度，結果企管系的課程內

容幾乎跟研究所一樣。

後來政大企研所招生時，在考試設計上，不限外系學生來報考，除了增加商管人才培育的多元之外，也因為大學部企管系教的課程，也就是企研所的課程，來念的人會覺得乏味，但是如果是念工科或是文組的人，就會很有興趣。

不過，對於就讀政大企管系的學生而言，由於企管系的課程跟企研所的課程內容設計一致，也讓當年進入大學部企管系念書的學生，受到相當扎實且先進的企管課程訓練，即使高中生考入大學，沒有工作經驗，但是在開眼界這方面，著實讓許多當年念政大企管系的學生印象深刻；政大企家班總導師司徒達賢及政大前校長周行一，都是畢業於政大企管系。

政大首創企管系，成為全台前三志願

為了遵循教育法制，使得政大企管系成立於一九六二年，比政大企研所還要早兩年成立。

二〇一八年，在政大任教四十二年的司徒達賢，在七十歲屆退典禮上的演講，曾回顧當年他是如何以第一志願考入政大第五屆企管系。

當年，為什麼那麼多學子爭相擠進政大企管系這個窄門？除了政大企管系是國內首創的企業管理系，更開風氣之先，首次將美國MBA教育引進台灣外，畢業於政大企管系第十六屆的政大前校長周行一回憶，「當時，只要是全國企管博士都在我們這裡教學，師資非常好。」

他指出，一九七〇年代，台灣企管博士非常稀少，美國商學院也剛蓬勃發展，訓練出來的博士也

少；「當時如果你從美國念博士回來，報紙還會刊登。全台第一個拿到會計博士的人（鄭丁旺）也在政大任教，全台最優秀的企管人才一定會來這裡。」

做為政大第一批被送往美國密西根大學進修的年輕教師之一，許士軍在美國密西根大學拿到企管碩士學位後返台至政大任教，成為最年輕的講師。當時政大校刊第三十八期記載：「本校最年輕講師許士軍先生，出國專攻市場學，成績優異，以榮譽畢業生獲學位。授課以來，因教法新穎，內容充實，深為同學所敬愛。」

許士軍在政大企管系教授行銷管理這一門課時，有一位大三學生令他印象深刻，這名學生正是司徒達賢。許士軍回憶說，司徒是很特別的人，書念得好，以他的大學聯考成績可以進台大任何科系，但是他的第一志願就是要念政大企管系。

　　對未來有些迷惘的司徒達賢，高中時，因母親是聯合國顧問的秘書，得知未來企業管理人才將很搶手，因而建議他念政大企管系；加上司徒讀到當時政大企管系第一任系主任任維均在企管系所出版的刊物《企業管理》上寫的一篇文章，介紹政大企管系與密西根大學的合作，了解到企管系不是賣東西，而是各行各業都需要管理，因此大學聯考第一志願就是政大企管系。

嚴師扎下深厚英文能力

　　半世紀之前的政大企管系課表，究竟是如何以創新的方式，接軌美國MBA教育？司徒達賢指出，當時的政大企管系有兩個特色：一是課程新穎，不僅直接承襲美國密西根MBA課程，授課老師包括許士軍等，都是當時第一批被政大送往密西根等大學進修的年輕教師，剛回國任教；二是非常重視英文能力的培養，大學四年課程中，僅必修英語相關

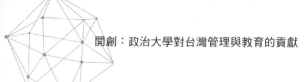

學分就高達四十個學分。

司徒達賢回憶，當時在企管專業課程方面，大家公認許士軍是王牌教師，也是讓大家覺得上課最有收穫的老師。他的六學分行銷學，和三學分行銷研究，嚴格要求學生課閱讀英文課本，上課時，老師有條理又風趣，深入淺出的為學生進行講解課程內容，使得此一學科內容，成為全企管系學生投入最多心力，後來也是大家專業知能上最具「核心競爭力」的管理知識領域。

至今，司徒達賢仍珍藏著當年就讀政大企管系第五屆時，四年的課程表。令人驚訝的是，政大企管系對英文課程的重視程度，從大一到大四，都有吃重的英文課程：從大一英文、英文文法、英文會話，到英文閱讀、英文作文、商用英文等，共約四十個學分，而且都是必修或「必選」。

　　司徒達賢表示，當時企管系對英文要求很高，
這是前系主任任維均的先見之明。原本政大所有科
系的英語課統一由政大西語系開出，只有企管系最
自由，可以自行開課，所以企管系請來當時教英語
的優秀教師，專門為企管系學生開設各類英語課
程，突破當時的學制，學校也願意額外支付這筆費
用，這在當年也是創舉，因為其他學校的相關科系
都沒有如此注重英語課程。

　　任維均的用意是，政大企研所的學生來自不同
科系背景，將來畢業後的出路較廣；但是企管系學
生直接從高中接軌大學，若能具備英語能力，對將
來畢業後的出路必然大有幫助。

　　司徒達賢記得念企管系時，英文讀本修兩年，
英文會話課修三年，英文文法及英文作文各一年，
別的系都沒有，只有企管系有如此扎實的英文課
程。英語會話老師也是任維均主任邀聘的，他特別

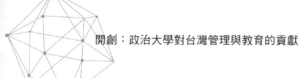

邀請美軍顧問團的夫人過來教企管系學生。

最讓他最印象深刻的是鈕李琳老師的英文讀本課，她也是早期所有政大企管人最印象深刻的英文老師，司徒達賢在演講時回憶說：「她當時已經七十歲了。鈕老師上課嚴厲，全英文授課及互動，直接叫學生站起來回答問題，若學生覺得我很嚴，因為你們沒看過更嚴的。我從來沒看過這樣老師的風範，學生沒準備好不能來上課，要學生自我要求，不要耽誤其他同學的學習。」

正是這樣的嚴師，為當年企管系學生的英語能力，打下扎實的基礎，使企管系學生在接受通才教育之外，也獲得嚴格的英語專業能力培養，協助許多畢業生後來投入國際貿易領域或出國進修。企管研究所早期的美籍教師，也對學生的英語能力大有助益。

開拓國際市場的能力

不只英文課程，企管系從大一開始，包括經濟、會計、微積分等課程全都採英語教材，「經濟學也是每週要寫英文摘要，考試也是用英文作答，」司徒達賢回憶，他大二時，跟幾個同學去旁聽他系開的課程，「老師在台上用中文講，我們在台下用英文記筆記，」正是企管系這樣扎實的培養英文能力，一九七〇年代台灣貿易興起，需要英文能力強的人，政大企管系兼具英語及專業企管的訓練，畢業的學生自然也成為企業歡迎的人才。

鈞寶電子董事長楊正利，當年是政大企管系第十五屆學生，至今也是對英文課程印象深刻，他說，當年政大企管系是大家的前三志願，大學聯考英文與數學科目必須達到高標才能進來，「我們有很多書都是英文原文書。」

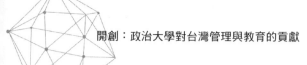

　　為什麼政大企管系如此重視學生的英語能力？
周行一指出，商業是一個國際領域，政大企管系在
一九六〇年代就很清楚，政大企管系學生將來不會
只在一個封閉市場運作而已，將來做的每件事都跟
國際有關，英文不好，如何做國際市場？「重視英
語教育就變成政大商學院的傳統。」

參訪各行各業，拉近產學距離

　　除了重視英語能力外，政大企管系在課程設計
上，也非常重視「通才教育」。曾經擔任政大企管
系系主任的許士軍指出，這是因為美國MBA教育
從一九六〇年代以後，其基本精神就是屬於通才教
育，而政大企管系的課程就是根據美國研究所的課
程來設計，跟國內商學系的課程完全不一樣。

　　政大企管系參考了當時密西根大學MBA課程
架構，設計以培養通才為主的教學內容。除了企管

專業科目外，也將行為科學、數學與企業經營有關的法律課程都涵括在內；不僅課程涵蓋廣泛，更延請校內外各系優秀老師，包括運輸學、財政學、保險學、貨幣銀行學等老師到政大企管系授課，而且是全班的「必選課」，以期達到「廣博」與「通才」的效果。

周行一回憶，政大企管系教學內容非常先進。他民國七十年大學畢業後，民國七十二年到美國念MBA，發現這些課程在台灣都念過了。以民國五十幾年，政大企管系的課表來看，當其他工商管理科系學校還停留在會計及簿記的人才養成時，政大企管系已經對學生採通才教育，必須博覽各行各業的專業領域。

司徒達賢在大學四年，總共修習高達一百七十幾個學分，「我們的課程非常多又廣泛，從生產、銷售、人事、財務之外，還有運輸學、保險學、貨

幣銀行學、財政學、管理經濟學、作業研究、市場研究、市場管理、採購學、物料管理、存貨管理、廣告學、工業工程，甚至那時就有電腦程式設計，我幾乎所有的課都修了。」

　　上課之外，每學期系裡還會安排遊覽車帶同學到處參訪企業，實際走訪工廠，拉近產學距離。翻開當年政大第三十八期校刊，談到企管系動態，就如此寫道：「本系三年級同學於每週四下午，由助教陪同密西根大學顧問前往各大企業機構參觀，本學期已參觀者有中農機械公司（機械製造及裝配業）、太平洋電線電纜公司（連續製作業）、台肥六廠（化學工業）及中華毛紡織廠（紡織業）等。參觀時均由高級主管陪同，並由專家做詳盡介紹與解釋。參觀後舉行非正式座談會，此舉對同學們裨益甚大。」

管理教育一步一腳印，生根茁壯

當時，政大企管系有多紅？光是看當年校內的轉系考試就可見一斑。司徒達賢回憶，民國六十六年，他剛返台任教一年，當時企管系準備收二十位轉系生，各系來報考的多達兩百位，學校還特地準備幾間大教室來容納這麼多想要轉入企管系的學生轉系考試。

不只如此，企管系早在民國五十一年成立時，就同步發行一年一期的《企業管理》學報（從一九六二年至一九八三年），由企管系師生共同發表與企管相關的學術文章，是台灣最早發行，介紹管理新知的年刊；司徒達賢大三時就以一篇〈計畫評核術簡介〉刊登在系刊上，「當時全國除了生產力中心有雜誌，只有政大企管系有發行期刊，連企研所都還沒有，」他說。

楊正利回憶當年上課情景，如果課堂上聽不懂，助教還會另外幫他們補課，每個老師教學都非常用心，學生缺席太多就會被當掉、重考，「企管系是這樣一步一腳印的培養人才。」自認受政大企管系的教育頗深，楊正利畢業後就展開創業之路。「我現在看報表，三分鐘就知道這家公司好不好，都是大學時看財務報表與損益表的訓練；去做生意時，也知道如何行銷，如何分散市場，如何不要去找生命週期短的產品。」

不過，正如許士軍所說，政大企管系與企研所的課程，都是由密西根顧問團設計，內容多有重複，老師們鼓勵政大企管系學生如果想念研究所，就到國外進修。這種鼓勵企管系的學生大學畢業後，到國外求學的風氣，在一九七○年代，司徒達賢說，他們班上出國念書的同學，就多達二十位。

第二章

開創新局

台灣MBA教育之父的破壞式創新

政大企研所之所以在國內享有崇高榮譽，首任所長楊必立居功至偉。楊必立的破壞式創新，在企研所所長任內所立下的規範與格局，從招收不同專業背景的學生、重視個案教學等，開啟了企研所的黃金時代，為國家社會培養了許多人才。

密西根與政大合作的 MBA 教育，原本只開設企管研究所，但因為受限於台灣「大學法」的規定，必須先有大學科系，才能設立相關研究所；因此，政大先於一九六二年設立大學部的企管系之後，一九六四年，才創辦企管研究所碩士班，政大企研所也成為國內第一所企業管理研究所。

不同於大學部的企管系在政大校本部木柵上課，當時，政大企研所是在公企中心上課，其課程內容設計，完全承襲密西根大學 MBA 教育，加上被送去密西根大學進修的種子教師，包括許士軍等人也從美國帶回最新的美式管理教育，等於是完全接軌國際。

當時的公企中心除了肩負起培育台灣公共行政人才及企業管理人才兩大使命外，更提供政府機關及業界人士企管方面的在職訓練，開國內企管及公共行政在職教育之先河，提供實務界許多新穎而實

用的在職進修課程。公企中心成為當時台灣唯一提
供企業界長期進修的機構，也是台灣管理教育的起
源地。

首開在職教育與建教合作

「公企中心是一個指標，在這之前，大學與外
界是沒有往來的；公企中心開創建教合作，舉辦各
類在職進修班及教育訓練，提供服務給業界及軍
方，公務員也在此辦理教育訓練，」許士軍說，例
如，賴名湯擔任參謀總長時，也要求海陸空中高級
將領都到公企中心接受一年的訓練，長達兩年。此
外，國貿局也曾委託公企中心辦理外銷人才培訓。

此外，許士軍兼任公企中心研究諮詢組主任時，
曾做過台南安平開發計畫的案子，當時是由台灣土
地開發公司委託公企中心研究，許士軍則負責探討
發展當地觀光的可行性；另外還包括金門酒廠產品

行銷研究，以及台灣國際觀光旅客調查等。

　　曾經擔任公企中心講師的劉水深回憶，民國六十年前後，公企中心開出的在職進修課程，從公共行政到企業管理，專門訓練公務員與企業經理人，非常熱門，一堂課都有四、五十人，因為當時並沒有其他機構提供這樣的訓練。

　　至一九九七年以前，當時歷任的公企中心主任分別為朱建民、梁大鵬、張彝鼎、任維均、魯傳鼎、傅宗懋、殷文俊、華力進。司徒達賢和吳思華也都曾經擔任過公企中心副主任，司徒達賢指出，當時除了企研所在公企中心外，公企中心也對外開出許多班，光是企業經理進修班（簡稱企經班），一班就接近一百多人；還有企業經理高級研究班（簡稱企高班），也就是進階版的企經班，約三十人；此外，還有會計班和企業法律班，以及全部由外籍教師授課的英語班。

　　以人數來看，從一九七二年，公企中心創辦的
企經班，第一期學生結業，到一九八四年為止，連
同後來開設的企高班，開班就達五十多班次，來自
各界產業菁英報名學習的學生，就達兩千八百多
位，可見當時公企中心的在職進修班，如何讓企業
人士趨之若鶩。由於兩個班都是針對企業在職人士
而開，所以都在晚上開班，「當時台灣沒有其他地
方可以進修企業管理，只有公企中心，晚上開班，
很熱鬧，車水馬龍，」司徒達賢回憶道。

　　公企中心主任顏玉明指出，當年公企中心無論
是師資或是硬體設備，都是創新且領先的，政大發
揮企管教育的影響力，也是從公企中心開始，多年
來，公企中心除了政大企管研究所設立於此之外，
始終以推廣教育為主，提供高階主管人員培訓課程。

　　她表示，企經班一期有兩百多個小時課程，提
供企業經理人基礎知識，包括成本管理、財務管理

等，為業界人士提供快速方便的課程，這些學員上的課程沒有學分，但是珍惜一起上課的情誼，後來更成立「中華政大企經管理協會」，透過此平台積極發揮社會影響力，也熱心回饋學弟妹。此外，當年對於一些求知欲強的企經班學員，上完課程後就會再進階去上企高班。一九八一年，企研所的企家班成立，讓他們又多一個進修管道，繼續學習。

二○二一年九月，公企中心改建落成，顏玉明表示，做為管理教育源頭的公企中心，除了繼續提供高階主管人才培訓地方，也成立國際金融學院，打造未來國際金融人才；加上如今各產業面臨科技變化，都需要不同的管理方式進駐，也因此，公企中心扮演的角色就更為重要，透過多元開班授課，提供不同產業專業的管理知識。

首座開架式圖書館

除此之外，當年公企中心所設置的圖書室，供校內外人士，只要申請借書證，就能入內自由瀏覽借閱當時國內最齊全的中、英文企管相關書籍及期刊，成為全台企管相關書籍及期刊藏書最豐富的圖書室，且大部分都是英文著作。

從民國五十一年開始，這間圖書室最讓人驚奇的是首創開架式的圖書管理方式。開架式圖書館在今天已經相當普遍，但是在民國五十年代，當時圖書館的管理方式，一律採封閉式管理，也就是要借閱一本書，先得找出書目卡，寫紙本借書單，再遞交給櫃台管理員，由他進去書庫裡找書出來，常常讓人等到望穿秋水。「我在《企業管理》上發表的文章，所依據的文獻資料都是從公企中心圖書室找的，不用借書就可以翻閱，」司徒達賢對公企中心的圖書室充滿懷念之情。

　　當時，政大企研所做為國內第一個企業管理研究所，正是從公企中心出發，將管理教育推展到全台；除了開辦企管碩士班外，也陸續為企業界開辦企業家經營管理研究班（企家班）、國營事業班、科技管理研究班，加上公企中心本身針對企業需求開辦的各類進修班。將近一甲子過去，政大已為國家及企業培養數千位管理人才；這其中，政大企研所第一任所長楊必立從無到有的創建過程，奠定政大企研所多年來的領導地位。

「台灣MBA教育之父」的四個創舉

　　許士軍指出，今日政大企研所之所以在國內享有崇高榮譽，首任所長居功至偉。楊必立先生主持政大企研所期間，造就兩百多位企管碩士，可算我國歷史上由國內培育的最早一批現代管理人才。因此，學生們用「一代宗師」來形容楊必立對政大企研所，以及在台灣管理教育上的卓越貢獻。

　　這位被尊為「台灣MBA教育之父」的著名財稅專家及經濟學者，當年從東吳大學轉任至政大，負責籌備政大企管研究所的成立，並擔任第一任所長。任期長達十年，從課程設計、學分學程、考試、論文規範，此外，也參與籌備圖書館設備及電腦資訊系統成立，及跨校跨科合作等，都是他一手建立起制度，這些制度在當時也是創舉。直到奠定好政大企研所的課程架構及管理教育方向後，一九七四年才功成身退，交棒給第二任所長許士軍接任。

　　許士軍承接楊必立對於管理教育的初心，他在《轉型中的我國大學和管理教育》一書中指出：「楊先生並不認為管理教育就是教人如何做事的教育；更重要的，是在於教人如何做人及明辨是非的教育。」換言之，他非常重視管理教育應教導企業重視社會責任與專業倫理，放在今日，企業愈來愈重視社會責任，實屬遠見。他更明白指出楊必立對政大企研所，主要有幾項重大且具革命性的做法：

一、打破學系限制。當年報考研究所資格，必
　　須是與大學所念科系相同或是相近，但楊
　　必立卻打破科系限制，只要具備大學學士
　　學位者，皆可來報名政大企研所；甚至，
　　為了吸引理工科的優秀學生來念管理，在
　　考試設計上，也因應不同科系來設計不同
　　考試科目。「這是一種成功而有效的做法，
　　並獲普遍接受；但在五十年前，卻是一個
　　駭人聽聞的怪招。」

二、擴大招生名額。民國五十年代左右，國內
　　研究所以培養學術人才為主，研究生的名
　　額每年招生至多十名左右，但楊必立認
　　為，當時台灣經濟正在起飛，企業求才若
　　渴，尤其是已經在企業服務的人，也需要
　　接受MBA教育，增進管理能力，因此極
　　力向教育部及校方爭取，每年招生名額達
　　四十多名，「讓有實務經驗的在職研究生

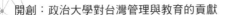

和一般研究生同聚一堂學習的做法，更是收到極佳效果。」

三、首創「行銷學」名稱。民國五十年代，marketing這門學問多以「市場學」來稱之，但楊必立認為無法充分表達這個英文名稱的背後意義，故首創「行銷學」，為後世所沿用。

四、積極推動個案教學，並主編台灣企業個案教材。個案教學自美國哈佛商學院提倡後，這種互動式教學較傳統單向傳遞知識方式，更能啟發學生思考；於此之故，楊必立不僅將個案教學引進台灣MBA教育，有鑑於台灣無本土個案教材，更發動已畢業學生蒐集公司個案，集結成冊，供政大及他校做管理教育教材。「政大企研所校友通力合作所出版的個案，乃係國內

最大規模的企業個案來源；當年楊先生之
倡導及推動功不可沒。」[6]

　　楊必立這些革命性創舉的發想，來自於一九六
三年，當他銜命籌辦政大企研所時，在密西根顧問
團安排下，曾經前往哈佛大學、史丹佛大學、加州
大學柏克萊分校（The University of California,
Berkeley）、加州大學洛杉磯分校（University of
California, Los Angeles）、芝加哥大學（The
University of Chicago）、紐約大學（ New York
University）及密西根大學等大學各大商學院參訪，
由此領悟到企研所招生不應該限制科系，才能培養
更多為企業所用的靈活人才，所以回國後便積極朝
培養為企業所用的專業經理人邁進。[7]

　　也因此，才有他在所長任內的兩個突破性創新
之舉：第一，就是打破科系之別，政大企研所招生
不限科系，從文法商到理工科系，都歡迎報名。第

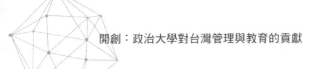

二，企研所的修業學分達四十八個學分（不含六學分的論文及必修但沒有學分的英文），遠超過當時「大學法」規定碩士二十四個學分的標準，甚至多出一倍，堪比美國MBA的六十個學分。（MBA的特色就是課程多又廣，司徒達賢於一九七一年到一九七三在美國伊利諾大學〔University of Illinois〕念MBA時，他所修習的學分甚至達六十四個。）

這兩個特點，成為早年政大企業管理研究所的特色。

創舉一：招生打破科系限制

首先，為什麼打破科系限制這個創舉如此重要，甚至影響到後來企業的經營管理？一九六〇及一九七〇年代，台灣服務業還不發達，仍是以製造業為主，「當時台灣真正要做到董事長、總經理，還是需要學理工的人才，」許士軍說。

　　問題是，這些理工學生過去在大學接觸的都是數學與實驗室，跟機器、原料、物質打交道；一旦接任管理職，就必須跟人（包括員工、客戶與供應商）打交道。而進入企研所念的是與人相關的問題，對他們來說，是一件相當新奇的事，也能因此多了解人性。

　　管理課程提供的，不只是對各產業的了解，還包括人事管理等方面的訓練，培養這群理工學生能文能武的能力，一旦投入企業界後，在台灣經濟起飛過程中，產生了相當的影響力。他們自政大企研所畢業後，照許士軍的說法是「發展得太好了」！

　　他指出，企研所學生畢業後投入企業，既懂得工程又懂得管理；找工作時，人家是真的喜歡。例如宋學仁（台灣投資銀行教父）、白崇亮（台灣奧美集團董事長）都是畢業於政大企研所。

其實，僅是打破科系限制，就嘉惠許多學子。曾任教育部長、政大校長，畢業於政大企研所碩士班及博士班的吳思華說：「楊必立老師是改變我一生命運的恩師。」

進修管理出路更好

一九七〇年代，吳思華大學念的是交大電信工程系，那時，理工科的畢業生沒有現在這麼搶手；當時也沒有台積電，最好的工作就是去台塑。電子產業也尚未興起，電信系畢業後不是進電信局服務，就是繼續往上念相關系所，然後進入研究機構擔任學術工作。吳思華的大學時代，照他自己的說法是「一個活躍的社團人」，他對本科系的專業課程不感興趣，卻很熱衷參加辯論社，當時指導台大辯論社的教練，就是後來的聯華電子榮譽董事長曹興誠。

　　大四時，當其他同學都開始準備研究所或是出國，吳思華偶然間看到各大學的研究所招生條件，都有科系限制，唯有政大企研所不限科系。政大是台灣第一個成立企研所，在台灣的地位與影響力非常高，那時理工科畢業去念管理很流行，後來陸續有更多理工學生去念管理，「大家的想像就是，如果你要進企業，想找到一份相對好的工作，就去念管理，」吳思華說。

　　這些來自不同學校、不同科系的學生齊聚政大企研所，個個都是優秀人才，以吳思華念的政大企研所第十四屆碩士班而言，班上同學有畢業於台大土木系的湯明哲，後來成為台大EMBA策略管理名師及長庚大學校長；畢業於交大管理學系，後來擔任政大企管系特聘教授的于卓民；以及台大電機系畢業，後來在台大經濟系任教的吳聰敏。

管理需要系統性思考

吳思華至今對楊必立所開的「系統科學」這門課印象深刻，甚至啟發他後來重要的著作《策略九說》。他說：「如果九說有貢獻，應該是它建立了一個系統思考架構，」而這個架構的源頭，正是來自於楊必立。

後來他也常在課堂上，跟學生分享當年這段學習歷程；他至今印象深刻楊必立在台上講述系統思考的理論，「他讓我們讀很多系統理論書籍，他常說，我們這個社會是從最小的細胞，變成器官，變成人，人上面就變成組織，組織上面變成社區，社區上面是一個社會，然後變成國家，再上面就是地球，然後宇宙。」楊必立的系統理論對他來講非常受用，讓他後來在建構理論過程中，能夠深刻去看待一個實務問題，及上下系統之間的互動關係，幫助他看待一間公司的策略，從很小的產品，擴大到

整個廠商，然後是一個產業的體系，最後擴大到一個族群。這些都是拜楊必立打破科系限制，讓這些優秀的理工學子也有機緣齊聚一堂，展開另一條學習之路。

鼓勵理工人才跨界

不過，政大企管研究所一開始開放外系來報考，其實並不順利。一九六〇年代，理工科正熱門，學生都是天之驕子，被賦予將來要做大事的期待，前途無量的他們，如何願意「屈尊」報考他們以為只念「簿記、會計」等課程的企研所？關於這一點，許士軍說：「楊必立打破科系限制是革命性的，但是你叫工科的學生來考，他們根本不來啊。」

誰來執行楊必立的計畫呢？這個推廣任務就落在當時剛從密西根大學獲企管博士學位，返國至政大企管系所任教的許士軍身上。為了招募優秀的理

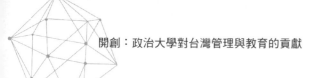

工學生，他勤跑台大工學院、電機學會、土木學會、化工系、機械系等學生社團去演講，試圖改變理工科學生對企管系所的僵固想法；當時，理工科學生都認為，念商不過就是打打算盤，是女孩子的事情，也認為男生不念理工是一件很丟臉的事，更何況家人都希望他們往工科發展，女朋友也不會同意他們棄工從商。

「我去說服他們說：『你們不要以為企業管理就是學商，我們是培養企業領導人。』」他說：「我的說服力不錯，我跟他們說，台灣產業發展需要工程，他們只要再加上兩年的管理學位就夠了。後來很多工科的人都來報考，加上當時台灣經濟已經起飛，他們覺得有機會做總經理、董事長。」

推廣結果，政大企研所後來招生，一半以上都是工學院的學生。

人格特質比成績更重要

　　為了讓這群外系優秀的學生，能夠順利考上，政大企研所在招生考試設計上也特別用心。「我們在考試科目上『動手腳』，企管系的行銷管理不考，改考微積分、工業管理，這些工科學生都有念過。」

　　開放各科系報考的結果，讓很多台大、交大、成大工學院的學生都來考，將來企業管理的背景才會全面，不會只有企管背景出身，卻不懂技術及生產設備的管理者。

　　「結果，來報考的理工學生，都是一群性格上很特別、敢冒險的人；他們選擇一條不是循規蹈矩的路，也不追求小確幸，」許士軍說，有的人甚至因為棄工從商，遭女朋友提出分手。

　　自許士軍手中接任政大企研所第三任所長的劉

水深回憶，民國六十八年，工科學生已經非常多，尤其是台大工科學生，有一段時間幾乎占一半以上。他們都是非常聰明的學生。這又得回到招生考試的設計，劉水深擔任所長時，特別要求出題老師一定要靈活命題，不要太多的計算題。他說：「我們挑的是人格特質，一定要腦筋靈活的學生，能夠去思考解決問題。」

不斷優化考題，挑選優秀學生

不僅如此，招生考試結束一年後，他還會召集命題老師們一起檢討，問他們：「你們覺得這些學生的回答你滿意嗎？如果不滿意，第二年的命題是否要改變？」劉水深會觀察考進來的學生，這一年的表現如何。如果學生表現得非常靈活，代表當年招生時的命題很好，都招到對的學生進來；如果不夠靈活，下一年招生命題就要改善，而且每兩三年就要更換命題老師，免得被學生猜中考古題。

「我們要選擇一個適合栽培的學生，很多細節就要面面俱到；考試雖然強調公平，但是公平的背後，要選怎樣的人進來？這都是細節，」劉水深說。

至於，這些被挑選進來的工科學生，表現如何？政大統計系畢業，民國七十二年考入政大企管碩士班，後來在實踐大學任教的王又鵬，回憶當年與班上一半以上來自工學院同學一起上課的情景：「他們頭腦都非常好，上司徒老師的個案教學時，臨場反應快；我們商學院想的都是成本效益之類的，他們沒有接受商管教育，經常從不同的觀點切入。」

「五十年前的許士軍老師口才好又瀟灑，到台大與交大巡迴演講，就招來一群優秀學生，吳思華、湯明哲、吳聰敏，他們幾位的論文都是我指導的，」司徒達賢說。當年他留學回國任教才二十八歲，沒有實務工作經驗，面對如此聰明的學生，光是備課就很辛苦，「我投入大量時間備課，結果一

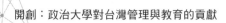

個鐘頭就講完了，學生開始問我問題，我想，慘了，他們很會問問題，但當時我對台灣企業實務並不了解，後來上課就把個案拿出來跟他們討論，由於大家都有『共同的事實基礎』，討論過程中，我可以憑我的學理觀念整合他們的意見，他們也會感到很有收穫。」

這些優秀的人才考上理工學院後，有些不一定喜歡理工科系，有些直接出國念理工博士，留在美國；有的因為沒錢去美國念 MBA，留在台灣工作。在一九八〇年新竹科學園區建立之前，這些理工科學生畢業後的出路，如果不出國，有幾個機構，例如：電信局和聲寶研究所。政大企研所提供這些理工科畢業生另外一條職涯路徑，讓他們多一個選擇。至於，從理工科系畢業，跨入企研所念書，對於這群理工科學生而言，是否需要適應？

鍛鍊邏輯思考能力

　　大學理工背景出身的吳思華說：「其實管理對於工科學生，算是很簡單的學門。」即使是一般學生覺得較困難的會計科目，「工科學的是非常複雜的數學，會計算是太簡單的算數，只有加減，連乘除都沒有，」沒讀過MBA，照樣可以做生意，也知道成本低一點，東西賣貴一點就賺到錢了，「但是社會科學就是易懂難精，MBA難就難在社會科學問題的複雜性與多樣性。」

　　他常跟學生分享他做為理工科學生念企管碩士班的心得：「在大學念函數、微分方程等高等物理，最大的心得就是從來沒有聽懂老師在講什麼；在企研所學到的是，每句話都聽得懂，但是從另外一個角度來看，都是你沒有想到的事，這就是企管教育與理工教育最大的不同。」

他表示，做重大決策，必須要有全面性的思考；通常工學院比較不會做那樣的練習，因為理工都是有特定的問題去解題，但社會科學面向很廣，每件事可以從很多角度來看，每個角度都有道理，如何權衡不同面向的道理，然後去做判斷，最後做出適當決定。

正因為楊必立的破壞式創新，在企研所所長任內立下了規範與格局，從招收不同專業背景的學生、推動個案教學等；「他當年正確的政策，開啟了企研所的黃金時代，為國家社會培養了許多人才，」吳思華說。

司徒達賢指出，從前所謂「研究所」中的研究生其實相對修課不多，主要時間投入「研究」，並努力寫出一篇具有學術價值或至少有嚴謹研究方法的論文。而政大企管研究所傳承了美國現代MBA教育的精神，加上大量「非商管科系畢業」的學生，

因此要求修課學分多達四十學分以上，其中必修課也占相當高的比率。目的在配合通才教育的基本精神，因此學習範圍要「廣博」，並努力進行「理論與實務之結合」，而非針對特定專題進行學術性的深入探討。

這些接受MBA教育的理工人才，日後進入台灣製造業與科技業服務，對經營管理水準上的提升，有很大的幫助。

創舉二：擴大招生、網羅名師

早期，由於政大企管研究所與企管系是分開辦理，企管系屬於政大商學院，在校本部上課，企研所在公企中心開課，當時所長的地位等同於院長，直接向校長負責，而不是在商學院之下。於此之故，企研所所長在師資挑選上的彈性大，可以直接在商學院甚至其他學院邀請適合的老師來企研所開

課，不必受限於本所專任，楊必立擔任所長時，更是網羅各校名師及國外學者前來金華街為企研所學生授課。

　　楊必立一方面參與籌備企研所在公企中心的設備，一方面積極規劃課程，努力接軌國際。在師資上，透過密西根大學合作方案，聘請兩位來自密西根大學的外籍教師，分別是加德納教授（Dr. Gradner，教授統計學）與凱洛教授（Dr. Kahler，教授行銷學）。

　　在課程內容上，除了承襲密西根大學MBA課程外，他也努力開出多元廣泛的課程，務必讓企研所培育的人才為企業所用，而不是成為學術象牙塔的一份子。企研所第一屆碩士班校友，現為財團法人中華企業研究院基金會公益董事長的陳定國回憶，舉凡美國哈佛大學MBA要求的行銷管理、策略管理、國際企業管理、個案研討等課程，都一一

在企研所開設。

不過，由於政大企研所是國內第一間企管研究所，陳定國回想當年上課情景，分享了幾個有趣的小故事。

外師全程英語授課

他回憶，一九六四年，成大交通管理系畢業，正在桃園服役的他，因為聽友人提起，報紙報導，美國密西根大學來台和政治大學合作，將要在台北市金華街的政大公企中心舉辦第一屆企業管理研究所碩士班（MBA），公開招生，只收十名研究生，他立刻決定去報考政大第一屆企管研究所碩士班。

當時，台灣尚未有其他商管類的研究所，也因此，第一次報考人數就達兩百人，「幾乎所有有資格報考的人都跑去報考了。」事隔近一甲子歲月，

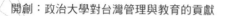

他記憶猶新的說，早期若要到美國念MBA，必須先繳交數千美元的保證金，但當時國民平均年所得不到兩百美元，一般家庭根本負擔不起如此昂貴的保證金，更別說清寒子弟，光是申請到美國念書的財務保證，這一關就過不去。因此，當媒體報導，美國大學要來台灣辦MBA時，燃起了許多清寒優秀學子的希望。

由於是國內第一所企業管理研究所，當時政大MBA的入學考試競爭非常激烈，第一屆就有兩百多人報考，只有十個錄取名額，之後更年年創下八、九百人，甚至千人以上報考的盛況。而當年第一屆錄取的學生包括陳定國、彭作舟、陳堯、沈清文、鄭錦城、梁成金、張信雄、廖信宏、陳光輝與馬難先，成為台灣第一批國產的MBA學生。

一九六四年七月，陳定國被通知錄取後，雖然九月才開課，但第一學期就有兩位密西根顧問團的

外籍教師，全程用英語上課（因為外師不會講中文）。楊必立非常擔心這十名本土研究生的英語聽力，畢竟沒有出國過，恐怕跟不上外師的英文授課。於是，還沒開學，暑假就要求這十名準研究生，每天到政大來，幫他們免費練習英語聽力。

當時的公企中心東樓的英語教學中心有英聽設備，台灣的大學中最早有電腦設備的地方之一也在公企中心，公企中心因此有全台最領先的英語教室及電腦中心。

於是暑假期間，陳定國借住在台北親戚家，每天坐公車到政大練習英聽。「楊必立怕我們跟不上，要我們天天聽美國之音，還叮嚀我們回家後要繼續聽。我用一台小收音機聽，真的，裡面講的話我都聽不懂，他們講英文好像機關槍在掃射，感覺像是走進叢林，只能繼續往前走；有一天聽到Taipei，哇！我好高興，竟然聽得懂他在講台北了，」陳定

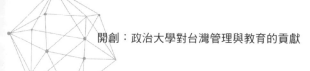

國哈哈大笑說。

班上同學英文聽力普遍不好，上課時，十個研究生坐在紅色塑膠皮的大椅子上，圍繞著橢圓型會議桌聽美國教授上課。陳定國記憶最深刻就是教數量方法與統計的加德納教授；「加德納個子高高的，掛個眼鏡，抽著菸斗，他在黑板上寫字，一直問我們 follow me? follow me? 大家就疑惑，這個加德納教授為什麼一直要我們跟他走？還有，他也常講 you see? 我們又問，為什麼他要我們看呢？」

加德納教授也知道他們聽不懂，所以教得很慢；根據陳定國回憶，當時一堂課要上三小時，中間休息時間一到，學生們休息就不想回來了，因為聚精會神聽教授說英文，一個半鐘頭就已經很累，但是教授總會把他們找回來上課。

密西根顧問團都是攜家帶眷來台，外籍教授的

夫人於是主動晚上幫這群研究生免費補習英文、練習聽力，「我們都稱她們為師母，她們對學生很好，知道我們聽不懂英文，講得很慢，一個字、一個字慢慢教，」陳定國說，大家的英文讀寫沒問題，聽力雖不好，考試還是考得很好，經過一學期外師的上課訓練，加上晚上免費的補習，到了第二學期，大家的英語都進步許多。

這些外師不僅認真教學，到了復活節，還招待十名研究生到家裡吃復活節大餐，讓他們體驗美式生活，令他們至今仍印象深刻。

這群國產的MBA學生，從第一屆畢業生開始，多年來，相繼成為國內企業管理人才及高等教育管理教育的幕後推手。在教育界方面，陳定國曾擔任台灣大學商學系所教授、主任、所長，張信雄曾任南台科技大學校長，林煜宗曾任台大管理學院院長，陳振遠擔任義守大學校長，黃俊英曾任中山大

學管理學院院長、義守大學管理學院院長、後來曾任高雄市副市長，高孔廉擔任首任海基會副董事長及東吳大學講座教授，劉水深不僅擔任政大企研所所長，也先後擔任大葉大學、空中大學校長，黃營杉曾任台北大學商學院院長及中興企研所所長、經濟部長，樊景立、魏國強皆任香港科技大學教授，湯明哲曾任台灣大學副校長、目前為長庚大學校長，立法委員賴士葆曾任政大企研所所長。曾擔任政治大學校長、教育部部長的吳思華，也畢業於政大企研所碩士班及博士班。

此外，在業界服務的包括現任及曾任的：中央銀行副總裁梁成金、信東生技集團董事長柯長崎、信東生技總經理黃松共、台新證券投資顧問董事長吳光雄、中華電信公司董事長陳堯、陽明海運董事長盧峰海、財團法人金融聯合徵信中心總經理簡安泰、華僑銀行總經理陳麗常、精金公司董事長芶壽生、南山人壽董事長杜英宗、台灣滾石國際音樂創

辦人及總經理段鍾潭、世界銀行副總裁林正誼（後改名為林毅夫）、帆宣系統科技公司董事兼總經理林育業、國防管理學院院長萬英豪、優良化學製藥總經理陳亮誌、長興材料工業董事長暨策略長蕭慈飛、永豐銀行董事長鍾敏敏、中華電信董事長鄭優、金管會證期局局長王詠心、大地幼教事業創辦人程鈦坤、台灣首創第三方支付的藍新科技總經理詹聖生，以及曾任富邦金控總經理、台灣大哥大行政總經理及之初創投監察人的許婉美等。以上這些都只是政大企研所眾多優秀校友的一部分而已。

跨國、跨校名師薈萃

　　除了外師教學外，當時企研所的師資也都是一時之選。楊必立教管理經濟學及個案研究這兩門課，楊必立的老師吳幹，是東吳大學經濟系創系主任，也受邀來政大教總體經濟，更找來台大著名的會計教授朱國璋，以及東吳大學會計系創系主任陳

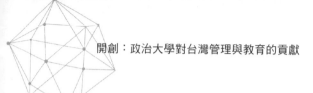

振銖教他們管理會計學，台大教授陳超塵指導統計理論等。

碩士班第五屆畢業生，後來擔任政大企研所第三任所長的劉水深回憶，當時企研所碩士班學生要修的學分比別的碩士班還要多很多，至少五、六十學分；加上台灣的MBA碩士與美國不同，美國MBA不必寫論文，台灣要寫論文，所以至少要兩年半到三年才能畢業。劉水深的畢業論文是研究台灣乳品消費行為，指導老師是曾經擔任農林廳廳長的台大農經系教授許文富，「那時很多老師都是從不同學校請來，」他說。

政大企研所碩士班從起初只錄取十位，到後來逐年擴大為四十名，報考人數也激增到一千多名；當時引進各界名師前來授課者，也包括著名心理學教授吳靜吉。如今三十多年過去，王又鵬至今對吳靜吉的「管理心理學」，如何將心理學概念運用到

管理議題上，依然印象深刻。「他講課程理論，用遊戲方式傳遞觀念，不是大家坐著聽他講解；例如，他讓我們分組，讓我們把一個同學舉起來，在上面的那位同學當然會緊張。他就會問那位同學：『你信任你的部屬嗎？會不會有一個人忽然鬆手，你就掉下來了？』」他至今回憶起來上課情景仍歷歷在目。

此外，楊必立很早就開始開拓國內類似「在職主管企管碩士」（EMBA）市場。起初，企研所第一屆僅限招收大學相關科系畢業生，從第二屆開始，才打破科系限制，開放各科系大學畢業生來報考，同時增設在職組這兩項創舉，讓在職生與一般生一起上課，彼此互補學習。另一方面，他也和國防部合作，招收有大學學歷、工作經驗達十年的中級主管進入政大企研所修讀碩士班，與一般生一起上課，培養了國防部許多管理人才。

◈ 創舉三：首創「行銷學」

楊必立除了被尊為「現代企業管理之父」外，他也被尊為「行銷學之父」，原因是，今天大家掛在嘴邊，習以為常的通用名詞「行銷」，正是他所獨創的中文翻譯名詞。

一九六四年，他首先在政大企研所開出一門「市場學」的課，當時「市場學」這門課乃是教育部訂定的課程名稱，但楊必立卻認為marketing這個英文名詞的原意是「動態」的，應該以「行銷」代之，因為行銷強調的是「推行」，不是產品出來，派一個人去解說就好了，而是無論是市場、消費者及客戶都需要去走動；換言之，大環境是動態的，銷售者必須要有策略，才能因應環境變化來應變。不過，將「市場學」改名為「行銷學」，背後還有一段緣由。

是行銷學之父，更是經師、人師

許士軍回憶，當時不只是楊必立覺得「市場學」不妥，其他學校的老師也如此認為，於是大家相約在咖啡廳開會，一起研商統一名詞；「有人叫『營銷學』，也有人叫『推銷學』、『營業學』、『市場營業學』等，」後來，政大首先採用「行銷」。

這個名詞混亂的現象，直到前總統嚴家淦在一次的工商場合中演講，才正式定名。楊必立在財政部工作時期，當時的財政部長恰巧是嚴家淦，所以後來嚴家淦找楊必立擬演講稿，談企業發展，楊必立將演講稿內談到 marketing 的部分，翻譯為「行銷」，經總統唸出來，等於是公開正名這個名詞，大家也就統一將「市場學」改為「行銷學」。

值得一提的是，許士軍在任教於政大企管所系時，也首先將「brand」翻譯為「品牌」、「channel」

翻譯為「通路」、「product differentiation」翻譯為「產品差異化」、「market segmentation」翻譯為「市場區隔」、「product line」翻譯為「產品線」等，這些名詞後來都被台灣企業界所通用至今。

楊必立擔任所長任內十年，培育了許多人才，對MBA教育發展影響甚大；政大企研所早期的學生，至今仍記得這位身高一百八十公分以上，講課時不疾不徐、和藹親切的老師，是如何在課業上，為他們找最好的師資；在生活上，看到大家生活不易，就努力為碩博士生找研究工作補貼所需；更積極安排大家畢業後的出路，無論是到國外繼續求學，攻讀博士，或是到各大機構任職，無一不用心在學生身上。

對這些學生來說，楊必立不僅是現代管理學之父、行銷學之父；也是經師，更是人師。

創舉四：引進哈佛個案教學

一直以來，以個案教學聞名的政大企研所，早在一九六〇年代，就已經引進哈佛個案教學，第一任所長楊必立可說是最早引進哈佛個案教學，也是第一位開始有系統且大規模編寫台灣本土個案教材的人。

在陳定國的回憶中，當時的個案課程與現在互動式個案教學不同的是，早年百分之八十都是老師講解個案為主，百分之二十由學生發表意見；此外，給學生的教材內容，三分之一是管理理論，三分之二放國外個案，後來才開始放入本土案例；這是因為早年教學所使用的本土個案，內容多半都是公司組織圖或收支平衡等，學生學習有限，無法從中獲得企業管理知識，所以他一開始是引進國外個案來教學。不過，許士軍也表示，早年講國外個案，大家聽了總是隔一層；他舉例，一九六三年他到美

國進修，當時台灣尚未有超市出現，他在美國超市推著購物車，感覺就像是走進好萊塢電影裡；「當時台灣也沒有連鎖店，所以你跟學生講這些個案，像是天書一樣，他們不能體會。」

當時也不是不想開發本土個案，「那時哪有什麼麥可‧波特（Michael E. Porter，管理學大師）的書啊，企業還是土法煉鋼，能提供什麼個案？」許士軍說，如果真的去問企業主的管理策略，對方大概就是用「追根究柢，勤勞樸實」之類的企業內訓，就講完了。

發行國內第一本企業管理個案集

楊必立一直希望仿效哈佛大學，建立本土企業個案資料庫，讓學生更貼近現實環境，於是向國科會申請到編輯本土企業管理個案的經費，卻一直苦於不容易找到本土企業個案；於是，他邀請政大企

研所畢業學生包括陳定國、高熊飛等人共同籌劃編寫台灣本土個案，由他擔任發行人，經過一年多的蒐集，收錄在《台灣企業管理個案集》，提供給全國商學院學生參考，這是國內第一本企業管理個案專輯，也是他的貢獻。《台灣企業管理個案集》後來陸續出版了一共四大冊。

不過，早期撰寫的過程，也不是那麼順利，畢竟大家都沒有寫個案的經驗，「我們也知道是寫公司內情，但是美國個案都是教授在寫，出去訪問企業。」陳定國說，有的人寫本土個案，一半以上都在敘述公司歷史，中間再提出到底要在哪裡設廠的問題，關於地點選擇的衝突，把選擇列出兩三個，再加上銷售量數字，就是一個本土案例。

有了本土案例後，當時，每週六下午的「企業問題研討」，研一與研二兩班學生一起上課。針對本土個案，學生分兩組，互相辯論，一組主攻，一

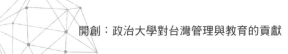

組防守。當週學生討論的本土企業個案，他們會邀請負責撰寫該個案的畢業學生回來上課，坐在教室後面，聆聽兩組學生的辯論，直到課堂最後三十分鐘，再邀請這個撰寫者上台講評。

當時來念碩士班的學生，一半以上都有工作經驗，也會透過工作關係，邀請自己公司的老闆來做專題演講，例如，一位曾在台塑上班的學生就曾邀請到台塑創辦人王永慶，來為學生做專題演講。

許士軍表示，楊必立還有一個創舉，就是參考美國管理教育，成立管理教育顧問諮詢委員會，邀請當時企業界領袖參加，包括當時知名企業家王永慶、林挺生、吳火獅、辜振甫等人擔任顧問，這是國內管理教育的創舉。

培養留美種子教師，接軌國際教育

　　早年密西根計畫，由政大選派年輕教師赴美進修，到後來亞洲基金會在許士軍擔任第二任所長任內，除了捐助圖書外，並提供五個赴美進修博士的名額，由許士軍選了四位學生，分別為高熊飛、何永福、張春雄、張重昭前往美國進修博士學位，後來都獲有博士學位，也都曾返政大任教，但時間長短不一，日後方才至他校或回美任教。

　　早期許士軍拿到企管學位返台任教外，還有陳定國、黃俊英、劉水深幾位政大企研所的校友，獲得美國企管博士學位後回國任教，成為政大研所的專任教師。一九七六年，剛從西北大學拿到企管博士學位的司徒達賢，是少數企管系畢業，美國念MBA並獲得企管博士學位的人。他在碩士班和企管系大四開的課程，一開始就採用互動式個案教學的方式上課，也是台灣第一位幾乎全部使用個案，

與學生相互問答來上課的教師。

四十幾年前就開始訓練批判性思考

王又鵬說，司徒達賢在碩士班的一年級上學期，開授的「組織理論與管理」，以及研二下學期的「企業政策」，這兩門課都是必修課，也是讓學生壓力最大的課。「司徒老師常說，研二下學期開的課，是要來驗收大家在過去一年半以來，所修的五管（指生產、銷售、人事、財務、組織管理）如何？因為企業政策就是要融合五管，所以我們研一上學期緊張，研二下學期又開始緊張，很像是學成少林功夫要下山，」他笑說。

為什麼上司徒達賢的課如此緊張？王又鵬記得，司徒達賢曾跟他說一句個案教學與學生互動的名言：「從懂，問到不懂；從不懂，問到懂。」這句話的意思是，「從懂」就是讓學生發言，一直問

到學生發現自己原來思考的極限；然後再從學生「不懂」之處，慢慢將思緒整理歸納，最後才能講出比較合理的答案。

「他會問下一個學生，上一個學生回答得如何？如果對方說很好，他就問：『好在哪裡？你有沒有自己的想法？』現在流行批判性思考，四十年前，我們就已經接受這樣的訓練了，」王又鵬說。

🔷 成立全台第一所企管博士班

為了延攬一流師資，歷屆政大企研所所長，從楊必立、許士軍、劉水深到司徒達賢，都非常積極招攬海外優秀博士人才返台任教。例如，楊必立任所長時，延攬許士軍、陳定國回國教書；許士軍任所長時，延攬黃俊英、劉水深、司徒達賢、林煜宗、郭崑謨；劉水深任所長時延攬賴士葆；司徒達賢擔任所長期間，除了自他校挖角，甚至曾特地赴美延

請在美國擔任教職的教授返台教書，包括陳隆麒、
洪順慶、黃思明、樊景立、于卓民、王秉鈞等人。
一個研究所的好壞，跟教師有很大關係。當時所有
留美企管博士返台，幾乎全部都在政大教書，名聲
盛極一時，讓許多學子趨之若鶩。

政大企研所繼一九六四年成立國內第一個企管
碩士班後，多年來，不僅成為學子爭相報考的熱門
企研所；畢業後，從國營事業到外商公司，也搶先
到政大企研所爭聘人才。相隔十二年，一九七六
年，在許士軍擔任第二任所長任內，協助政大成立
國內第一所企管博士班。

「那時碩士班出路好得不得了，報名八百人，
錄取四十人，國內管理教育屬政大最有名，也最受
肯定，當時的師資，台灣的管理博士全都在政大教
書，」許士軍說。也正因為政大企研所碩士班非常
熱門，為了配合將來各校師資的需要，許士軍在擔

任政大企研所第二任所長任內，成立了博士班。

　　剛開辦時，政大的企管博士班第一年只招收四位，後來增加到六、七位，報名者常有一百多位，經由書面審核，篩選其中一部分之後，再開始口試，可見其熱門。尤其，前政大校長周行一指出，政大企研所是當時許多想念企管碩博士學生的首選；「全國企管博士都在我們這裡教學，師資非常好，劉水深、司徒達賢等人，都是留美企管博士，而美國商學院才開始蓬勃發展，能念完博士又回台教書的人，少之又少。」

　　周行一更指出，一九七〇年代至一九九〇年代，是台灣商管學領域蓬勃發展的時期，許多學校爭先恐後要設商學院，全台的師資哪裡來？主要有兩個管道，一是國外歸國，二是政大培養。政大培養出來的博士，日後到各校教書；因此許多學校的校長、系主任都是政大的校友。

全心學習，全天簽到、簽退

博士班剛開始成立時，就像其他研究所一樣，很多博士生都是「兼職」來上課，這是因為，過去，無論念碩士班或是博士班的研究生，多半有工作在身，有時，到學校念書反而成了副業。

一九八六年，司徒達賢接任劉水深的職位，擔任政大企研所第四任所長，為了加強博士班的學習，任內對博士班進行三項創舉：一是實施博士生全天留校的簽到制度，從紙本簽到，到後來改為電子鐘打卡。二是規定博士班學生除非是政大企研所碩士畢業，否則一律在博士班一年級時，規定得到碩士班修基礎管理課程。三是博士班學生繳交論文及最後的論文口試前，先採「預考」方式，協助學生把關論文品質。

首先是博士班的全天留校簽到制度，強制規定

學生早晚都要簽到、簽退，「我們給學生足夠的功課，讓他忙得有收穫，就不得不辭掉工作。」當時其他研究所及他校也想模仿這個簽到制度，但是學生不買單。「我們比較強勢，當時我們的博士班全台有七、八十人來考，我們只錄取七、八位，在招募時就說明必須要全天簽到，而且剛進來就簽『切結書』，如果無法成為全職學生，在外工作者就必須休學，」司徒達賢說。

至於，為什麼要強制規定簽到？背後有一個重要的思考，司徒達賢認為，一邊念書一邊工作，根本沒有時間好好念書做學問，如果每位學生都保持這樣的心態來念書，這門學問就不會被人看重。

研讀各領域經典

司徒達賢更表示，博士班不是專科，要訓練的是思想，尤其要讀經典書籍，是更進階的「練腦」。

「經典都是這個行業裡，了不起、有創見的學者所寫，看他們思考的過程、怎麼去想這個議題，你的腦子跟著他轉過一遍，下週上課時一起討論，等於又轉了一遍，兩年下來，受到的思考訓練會比較深刻一點。」他回憶在美國念博士期間，除了上課、打球，其他時間都在專心念書。因為他是拿公費留學的，經濟條件許可，不必打工，甚至連暑假都去修課，專心埋首讀書。博士班畢業的學生，除了做學術研究，主要就是當老師，司徒達賢說：「如果不讀書的話，怎麼當一個思想比較深刻的老師或是學者？或可以主持互動式的討論？」他在政大企研所博士班負責第一年的必修課「管理理論研討」約三十年，主要就是希望經由閱讀大量的經典，培養學生的思考能力。

吳思華回憶，一九八一年，他念博士班時，管理理論發展才剛開始，屬於策略管理學門的知識非常少；當時司徒達賢剛從美國回來，美國關於企業

政策的學門也才剛開始興盛，司徒達賢是亞洲第一位主修「企業政策」的學者，他的博士指導教授Thomas J. McNichols，與哈佛大學教企業政策的教授，學術地位相當，都是在那個時期最具有代表性的學者。除此之外，司徒達賢在美國也讀了很多其他領域的經典，從社會學、公共政策學、組織理論等。「他回來教我們的時候，也是帶著我們讀遍各領域的經典，雖然量很大，但有機會接觸到那麼多領域的學問，對自己的學習有很大幫助。」

必須具備「五管」基礎

至今，很多早期畢業自政大博士班的人都還記得，那段早上上課規定要簽到，傍晚下課也要簽退，過著朝九晚五專心念書，司徒老師還會不定時「查堂」的日子。那時候，司徒達賢在公企中心準備了一個專門給博士班學生念書的研究室，大家都要簽到，他記得有一位博士班學生王又鵬很用功，

如果不在研究室，他會留字條說：「我去圖書館查資料。」司徒達賢說：「我就真的去圖書館看看他在不在裡面，果然在裡面，我做所長很認真的。」

司徒達賢口中的王又鵬，不僅是政大博士班第十二屆畢業生，後來更成為實踐大學企業管理研究所的推手。他在一九八七年考入博士班時，正好是司徒達賢擔任企研所所長的時期。王又鵬至今印象深刻，所有的博士研究生，包括高年級生，全都待在這間研究室裡，每位研究生的座位都用木板隔開，可以專心念書；每天早上要簽到，傍晚下課時再簽退，等於一整天都待在研究室裡。

那時沒有手機，也沒有網路，沒上課的人就在研究室裡讀書，或是彼此討論功課，互相切磋，大家感情特別好。王又鵬笑說：「司徒老師還真的會來查，有人被查到沒待在研究室，也沒交代去哪裡，他就會問：『你剛才跑到哪裡去了？』我們都很緊

張，所以一定會清楚交代行蹤，因為我們都知道司徒老師的個性，他說到做到，很有原則與貫徹力。」

他還記得，班上有一位同學雖然考上了博士班，但是一時無法離開工作，也無法簽到，被司徒達賢盯得很緊，後來就休學了。「不過，如果課修完，學科考也考過，開始準備論文時，就不受這個簽到的限制了。」

為博士生的職涯鋪路

王又鵬對博士班印象深的還有另外一件事，那就是司徒達賢的另一項創舉：規定博士班學生必須到企研所的碩士班修基礎管理課程，如果不想修，也可以透過鑑定考，鑑定考試考的正是五管科目，只要考過，就不必去修基礎管理課程。「萬一考試沒過，可以再去碩士班修課，等同於鑑定考，司徒老師就是用這個鑑定考來把關，」他說。

　　司徒達賢背後的用意，是希望博士生要對企研所主要的核心科目全盤了解，至少要有基本的概念，而不是專注在某一個領域而已。其實，要求博士班學生必須對企管有基礎的認識，源自於有一位哈佛DBA（商學博士）的西北大學老師，告訴司徒達賢：「教MBA的老師，最好有MBA學位。」

　　企研所收的博士班學生，來自於國內外各科系研究所碩士畢業生，這些外系學生，將來是要去教MBA碩士班學生的，沒有念過MBA課程，若只專精一門學問，不易在教學時和學生之間產生同理心。因為MBA是通才教育，碩士班學生從會計、行銷、經濟、人事、財務、策略、組織行為、企業法律等都要修過，這些科目看似獨立，但事實上職務愈高階，愈清楚彼此之間都有關聯，才能做出正確的決策；若一個教MBA的老師只專精於某科目，沒有廣泛接觸其他科目，在心態上也會與以實務導向的MBA教育有所隔閡，不易體會這些重視通才

教育學生的學習心態。

　　為了補救這些外系博士生缺乏的基礎管理課程訓練，所以才規定他們第一年必須到碩士班補修基礎管理課程，這還帶來另外一些好處，司徒達賢說：「第一，他的知識基礎會比較廣；第二，跟碩士班學生一起念書，他就了解MBA學生在想什麼事情，將來教書時，才能跟學生溝通，」這也是多年來，政大企研所博士班學生畢業後，在教書上備受肯定的原因。

　　王又鵬認為這種培養全面基礎管理訓練很好，將來就算要教其他課程也都有概念，否則如果對其他領域都沒有概念，要準備也沒那麼容易。博士班培養的是學術人才，畢業後幾乎都投身教職，「到一個新的學校，像我是學行銷的，能馬上教到行銷嗎？你只是一位新老師而已。」換言之，做為一個新上任的老師，剛教書時，不可能隨心所欲想教什

麼就能教什麼，很多課程都被其他老師開課了，只能先教一些冷門，或其他老師沒有開過的課；「如果學校要你教生產管理，你教不教？如果不教，你的課就不夠，學校也沒辦法聘你。」

「政大對我影響真的很大，」先後在政大企研所完成碩士班及博士班學業的王又鵬回憶，當初他畢業後到實踐大學教書，實踐正要成立全校第一個碩士班，也就是企業管理研究所，校長指定他來籌辦。「我也沒經驗，就把我所知道政大碩士班的概念寫進企劃書裡，去爭取設備，因此於民國八十四年成立了實踐大學的企管研究所。」

博士論文預考獨步全球

至於，什麼是「預考制度」？為什麼司徒達賢要在博士班學生論文最後口試前，還要再增加預考？其實，這背後的思考是基於對學生的愛護。傳

統上，博士班學生準備論文的過程，就是找指導教授，提研究計畫，論文寫完後，才開始找幾位校內外委員，進行最後的口試，口試通過了，才能拿到博士學位。

但司徒達賢認為，這種寫論文的過程有一個風險，那就是校外委員到最後口試階段才參與博士生的論文，萬一論文研究方向或方法與口試委員們期待落差太大，會發生兩種情況：一是口試不通過，口試委員會回饋許多修正建議，博士生要花更多時間來修正，而若是口試兩次都不過，就被當掉，無法拿到學位；另一個情況是，口試時，委員雖然有很多建議，但是不忍心讓學生再從頭開始修正論文，所以多半還是簽名讓他通過，但是學生的論文品質也因此沒有得到很好的把關。

於此之故，司徒達賢擔任企研所所長期間，推行「預考」，規定博士生從提論文研究計畫（包括

研究方向及研究方法等）開始，先繳交論文前三章，再進行口試，這時候就要邀請將來論文口試的校外委員，與指導教授一起參與研究計畫的可行性，提供建議，學生再根據建議去做修正，等於是從源頭就開始為論文品質把關。

等到論文完成後，正式口試前，司徒達賢再要求增加「預考」。學生在正式口試前，可以先與口試委員來一場預考，檢視論文是否確實按照建議的方向修改，如果不足，預考後，學生還有時間再做修正，甚至需要進行第二次預考。「這個預考，學校是不留正式紀錄的，」司徒達賢說，但是透過預考，學生可以按照口試委員的要求進行修正，等到正式口試時，學生反而比較輕鬆，因為論文都按照委員指導的方向修正完畢，所以一定會拿到學位。

此舉目的不僅確保學生的論文從一開始就能受到論文考試委員的指導，而且不至於到了論文口試

最後關頭，再耗費大量時間來修改，或以「低空閃過」的方式完成博士論文。「這樣的制度幫助學生的論文，到正式口試階段時，減少不確定因素，心理上也不會太緊張，或是不敢找校外要求很高的委員來進行口試，」司徒達賢實施預考制度到今日，已經大約三十年歷史，不僅是全球少有的制度，也讓政大企研所博士生的論文，向來以高品質為傲。

在教育界開枝散葉

政大企管系特聘教授別蓮蒂指出，早年政大博士班的教育非常扎實，如果學生的管理知識基礎不扎實，就要修很多課來補上，這對學生畢業後，如果當老師是有幫助的。他不會太窄，只知道行銷管理，政大奠定的是全面的企管教育，從行銷、財管、人力資源到會計等，他會了解一個健全的企管系該有的規模，什麼是全面的管理教育。

　　曾經先後在政大企管系、企研所，以及後來成立的企業家班授課的別蓮蒂表示，政大企管教育非常重視實務扎根，例如政大企研所第三任所長劉水深任內，就特別開了一門課程，叫做「企業診斷」，帶領許多學生與老師到企業去做診斷服務。她回憶，自己自一九九五年學成返台，在政大企管系任教時，就發現系內有一個氛圍，那就是除了做學術研究發表升等外，老師不能與實務脫節。「我們培養出來的人，就是企業要用的，」別蓮蒂上任第二年，就開始透過產學合作，接企業專案，系上每位老師也認為應該如此，必須接觸實務，不能只有學術發表。

　　曾任政大校長及商學院院長的周行一也表示，商學領域研究不能在象牙塔，因為商學就是要解決商業問題，所以老師才會非常重視學術與實務結合。而司徒老師的個案研究又最具代表性，商學院後來也發展個案教學及寫作，指派很多老師到哈佛

觀摩他們如何主持個案討論與寫個案，也跟加拿大
西安大略大學商學院（IVEY）合作寫個案。

　　別蓮蒂就是被政大派送到哈佛大學商學院進修
個案撰寫及個案教學，以及到加拿大最大個案發行
學校西安大略大學商學院，上為期一週的個案教學
工作坊的種子教師之一。這些種子教師回國後，必
須將個案教學落實應用在教學上。要落實個案教學
需分為兩個階段，第一個階段是個案教學，第二階
段就是個案寫作。今天別蓮蒂授課時，大部分個案
都是她自己所寫的，她說：「你自己寫的案例最能
夠配合你的教學需要，一定是我發現一個公司待解
決的問題，正好適合在上課時分享。」

從實用主義的精神出發

　　別蓮蒂指出，從劉水深的「企業診斷」到司徒
達賢的「個案教學」，都是從實用出發；而司徒達

119

賢是台灣最早提倡互動式個案教學的人，他早年翻譯許多國外個案，在班上使用，也帶著學生一起寫本土個案。這些企業案例裡面有很多可以討論的問題，至今都還存在，不會被時代淘汰，而且也會逐年調整個案內容。學生畢業後教書，很多人都使用司徒達賢的個案，老師也免費分享，讓大家使用。

一九七六年，司徒達賢返國任教開始的第一年，便著手翻譯國外個案，當時沒有版權問題，他將哈佛大學出版的幾本個案集，挑選適合的個案出來，請碩士學生將許多哈佛管理個案翻譯成中文，自己逐句校訂；而且司徒達賢也親自訪問寫作或指導學生寫作不少本土個案。一個個案長達二、三十頁，每個個案都做成小冊，多達幾十本，方便他上個案教學時使用。司徒達賢表示，早年這些哈佛個案都是經典，企業願意分享公司內部問題，很適合上課時，讓學生一起來診斷問題，所以他至今仍然使用其中的一些，而且歡迎畢業校友免費拿去使

用，因此帶動早期各大商管學院的個案教學風氣。

　　畢業於政大企研所碩士班第十四屆、博士班第七屆，曾擔任中山大學企管系系主任兼所長的蔡敦浩在〈懷念楊老師——兼懷深具實用主義精神的政大企研所〉一文中也指出，政大企管教育從實用主義精神出發，例證一是對個案教學的重視，例證二是，授課老師也是從實用主義角度來教學；例如，第三任所長劉水深對經理人教育的積極推動，司徒達賢對個案教學的熱心帶動，黃俊英對行銷思想的熱誠提倡等，這些熱情的背後，其實都隱含著認同管理教育，在商業化社會的必要性和特殊性。

　　蔡敦浩寫道：「大約在一九七〇年代至八〇年代間，當台灣的經濟正蓄勢待發時，有一群管理學者已積極在為社會做準備。在這個氛圍下孕育出來的學子，散布在不同的工作崗位，自然會有所貢獻。」

第三章

實用主義精神

伴隨台灣經濟起飛的在職班

一九七六年，台灣國民所得不過一千美元，當時擔任行政院經建會委員的李國鼎呼籲「管理要扎根，經濟才能起飛」。管理究竟該如何扎根？政大企研所第三任所長劉水深，開始把目光放在企業的高階主管身上，讓他們接受新式管理觀念，才能真正影響台灣企業的生產力，振興經濟。

政大企研所的 MBA 教育發展，向來從實用主義出發，從第一任所長楊必立奠定國內管理教育基礎，第二任所長許士軍貫徹楊必立的教育理念，打破科系，招收許多各校理工科系的優秀學生來念政大 MBA，到了第三任所長劉水深，更是將實用精神發揮得淋漓盡致。

他在任內不僅首開「企業診斷」課程，帶領學生做中學；更打破研究所向來秉持的菁英教育政策，突破重重困難，向教育部申請開辦「企業家經營管理進修班」（簡稱企家班）及「科技管理研究班」，為民間企業經營管理者，打開一條新的學習管道。

這是因為，台灣管理教育自一九六○年代，由政大引進 MBA 教育，開啟國內管理教育之門後，一九七○年代以後，管理教育迎來新的階段。這個階段也是台灣經濟突飛猛進時期，製造業取代農

業，成為台灣產業主幹，紡織業、石化業與資訊業相繼崛起，從勞力密集走向資本與科技密集。過去憑藉個人經驗來管理企業已不敷使用，業者開始願意雇用具備分析及決策能力的管理人才。[8]

走出教室，進入企業「做中學」

一九七九年，劉水深從許士軍手中接下政大企研所第三任所長，正是迎來管理教育新階段時期。當時，劉水深覺得企研所的學生都是來自各校各系非常優秀的學生，聰明優秀卻實務經驗不夠，將來畢業後，若要解決企業實際面臨的問題，比較不知道該從何著手，需要多一點歷練。

於是，除了授課之外，他推動其他老師合開一門「中小企業管理」的選修課程，強調「做中學，學中做」的體驗學習，師生組成小組，到企業去做診斷服務，跳出一般教學框架，在當時是國內管理

教育的一個創舉。

　　至於，如何找到企業去做診斷服務？當時他觀察到，銀行為了協助企業而貸款給他們，但是如何保障借出去的錢收得回來？有時還得面臨企業因為管理不善而倒帳的風險，劉水深便想：「我們為什麼不去幫助他們，讓這些中小企業不會倒帳？」

　　他於是去拜訪當時擔任合作金庫副總經理的許遠東（後來擔任中央銀行總裁），他向許遠東表示：「你貸款給他們（中小企業）後，我們可以免費幫你去做企業診斷，主要是給師生一個歷練機會。」許遠東立刻點頭答應，這一合作就是長達七年。

　　什麼是企業診斷？劉水深從合作金庫商業銀行的眾多客戶中，挑選幾個案子，由師生組成不超過五人的小組團隊，輪流前去已經向合庫貸款的中小企業公司拜會，聆聽對方的公司簡報，看他們的營

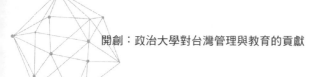

收紀錄，提出意見，幫助他們讓公司管理更成功。

累積聆聽與判斷問題的能力

出發前，他在課堂上對學生耳提面命，到企業去要如何找問題？做為一個管理者，不能等到問題已經發生，甚至難以補救才解決，而是要防微杜漸，從小處知道問題在哪裡，趕快找出因應的策略改善。至於要如何從小處感覺到問題？這需要Sense。如何培養覺察力與敏感力？則需要很多數據，從營收數據與談話資訊中來了解。

於是，師生小組除了聆聽企業簡報外，學生也被要求要跟企業內部的員工談話，了解公司情況，然後回到課堂，提出診斷報告，包括公司數據、公司員工對公司營運的想法，以及自己診斷出來的問題是什麼，解決方案又是什麼。

「有點類似個案教學，我們去聆聽他們的問題，而我們看到的問題又是什麼；然後再把解決方案帶回他們的公司去實行，說實在，這事很辛苦，」劉水深說。

他分享一件有趣的事，他帶學生去企業做診斷，有時師生把觀察到的問題講出來，就會有公司員工好心的偷偷扯一下他們的衣服，提醒他們雖然講得沒錯，但是董事長在場。學生從實做中獲得許多寶貴歷練，例如學生年紀輕又缺乏社會歷練，劉水深會殷殷叮囑他們，跟企業裡的人談話，不能照單全收。

他常跟學生說：「去聽企業簡報會碰到三種人：一種人是希望借刀殺人，例如我們都在公司裡，我想出頭，我就說是你的問題，把你的問題挖出來，讓我在董事長面前比較威風，所以有些人的話不能完全相信，但可以聽，要去判斷他的話與數據，查

核是否為事實。第二種人是希望藉由你來提升他的地位，他會幫助你，透過你讓他的業績更好，所以他會講一些對他比較有利的話。第三種人是漠不關心，因為跟他沒有切身關係。」

這門企業診斷課，隨著許遠東升任中央銀行總裁而告一段落，但企業診斷也成為早年政大企研所師生印象深刻的一門選修課程。司徒達賢回憶，對業界實務非常有經驗的林英峰老師（曾任企管系系主任及商學院院長，後來長期擔任國家品質獎的召集人），也對企業診斷這件事非常盡心，經常由他來從各企業接案，帶著年輕的老師和學生到處參訪，去做企業診斷。

劉水深除了在所內開出企業診斷課程，讓師生獲得從做中學的體驗學習，劉水深更把MBA教育的想法擴展到當時社會大環境。

管理要扎根，經濟才能起飛

　　一九七〇年代，台灣歷經中美斷交及退出聯合國，政治上失去依傍，更需要靠經濟立國，才能在世界站穩腳步。一九七六年，台灣國民所得不超過一千美元，當時擔任行政院經建會委員的李國鼎，一直呼籲「管理要扎根，經濟才能起飛」。

　　管理究竟該如何扎根？劉水深的思考是，企管系學生沒有工作經驗，畢業後到公司也是從基層做起，影響力小；年輕的MBA學生雖然具備管理知識，影響力大，但是人數少，想要影響台灣企業，提高生產力，振興經濟，還有一段很長距離；尤其，如果老闆沒有基本管理概念，很難接受新式的管理教育，就不會重視管理。於是，他開始把目光放在社會上那些企業的高階主管與經營者身上，讓他們也能接受管理教育，有了新式的管理觀念，就能從自己公司開始做起，才能真正影響台灣企業的生產力。

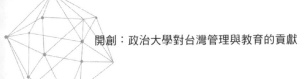

受美式教育洗禮的劉水深認為，美國MBA教育是靠甄試方式申請，不像台灣的研究所需要筆試才能進入，台灣應該也要朝這個方向邁進。因此他決定招收企業界高階主管，當時設定的高階主管就是董事長與總經理。想法一旦成形，他就開始力行。然而，不經過筆試，用甄試方式，開放企業高階主管前來就讀，這在當時，幾乎是「動搖國本」的一件大事。

「那時要打破觀念非常非常困難，大家都認為研究所是菁英教育，是要做研究的，」劉水深解釋。光是在校內就有不少反彈聲浪，很多人質疑他怎麼可以破壞學制，不經過考試？但他認為考試有很多種，不一定非得筆試；校務會議不通過，他乾脆去找校長歐陽勛，請校長睜一隻眼閉一隻眼，放手讓他進行。

筆試改甄試，打破當時體制

「我花了一年時間說服教育部，很難說服的，」劉水深回憶，剛開始，他不敢直接找教育部長，而是從高教司著手，找裡面的科員幫忙去說服。「我跟他們說，台灣經濟需要有管理扎根，才能振興經濟，現在我們國家等不及了，」他將美國MBA教育也是甄試的方式，解釋給高教司聽，高教司的科員非常同意他的想法，但是體制上很難克服。司長也不敢做此決定，只有教育部長可以決定，因為政策後果，只有部長可以承擔。

他只好直接去找教育部長，但是找了數次，部長都不在；劉水深等不及，乾脆直接到教育部長朱匯森辦公室，等待他回來。好不容易等到部長回來，劉水深把成立企家班的初衷告訴他，「部長聽了很感動，要我明天去找高教司司長，因為是司長做決策，但他會先跟他打招呼，代表他同意了。」

劉水深用刻不容緩的腳步，隔天就去高教司找司長，順便把招生辦法都呈給司長，展現他的決心。

由於成立這樣的班，還要經過研究與多道程序，為了爭取時間，劉水深請高教司內部的人，只要認為哪一條說明需要改，就跟他講，劉水深馬上修改，再送新的版本過去。這麼做的用意是，不要等到退件再改，因為公文一來一往會耗掉至少半年以上。

如今回想當年為了成立企家班，利用課餘時間，多次到教育部奔走，時間長達一年，劉水深是鐵了心要開出這樣的在職專班，只允許成功，不容許失敗。當時，他甚至斬釘截鐵的跟教育部長說：「如果你同意這個計畫，我一定把它做好；如果做不好，唯我是問，我馬上離開學校，不當所長。這是好事，你一定要做，是我們能為這個社會做的，這對我沒有任何好處，就是要辦好。」

企家班為企業注入新式管理，帶動轉型

終於，一九八一年，政大企家班正式開班授課，這又是國內教育上的一個創舉，因為研究所招生不必筆試，採用甄試。

政大企家班第一屆畢業生，台灣最大染髮劑品牌，美吾華創辦人及董事長李成家認為劉水深很了不起，他很有開創性與前瞻性，是一個寫歷史的人。這是因為一九八○年代，台灣還沒有EMBA（經營管理碩士），只有正規研究所，正規研究所入學都需要筆試，「我們這些創業的企業家怎麼可能跟一般學生一樣去考試？不可能考上；是劉水深跟教育部申請，採甄試入學，」李成家說。

政大企家班雖然沒有學位，但有研究所學分，劉水深用心規劃，甚至主動去找許多有發展潛力的企業主，鼓勵他們來念；他的目標就是前幾屆要招

進來很優秀的人，後面招生就會比較輕鬆。事實上，企家班雖然不用筆試，但是招生卻比筆試還嚴格，當時規定的資格是大學畢業，如果是專科畢業，則要求至少要有三到五年的工作經驗；本來要給學位，但沒通過，只能給學分，因為研究所屬菁英教育，所以只開一個班，限定名額為二十人。

劉水深在所內組成「甄選委員會」來挑選學生，叮嚀委員老師們要好好選出有發展潛力的企業家，除了學經歷背景外，包括公司營運狀況都要清楚了解。「我們挑人最好同班不要有競爭者，這樣他上課時才可以一直講他的問題與他的做法，不會怕被競爭者偷聽學走；大家來自不同產業，上課才能盡情的交流，」連學生之間的背景是否有衝突，劉水深都考慮到了。

企研所與企家班相輔相成

做為第一屆企家班班代的李成家回憶，同班的二十位學生幾乎都是董事長，而且都是青年創業，大家是真正為了學管理而去上課。為了讓這些企業家能夠兼顧學習與工作，本來企家班課程跟企研所一樣，都是在週間白天上課，但是考慮到這些大老闆們偶爾會因為有重要客戶來訪，無法出席上課，劉水深提出補課方式，如果缺課，就去正規企管碩士班補課，甚至，也刻意安排企研所與企家班一起上課。

「我們當時對企家班學生的要求，就是你來這裡要扮演學生角色，而不是老闆角色。所以一開始我們真的是很嚴格要求，一天沒來上課，就要到另外一班去補課，」劉水深指出，除了不必寫論文外，企家班學生與一般碩士生同等要求，同樣有期中、期末考，成績不理想就會被當掉或是要求補考。

　　不過，他也鼓勵這些企業家們成立社團，彼此在學業上互相幫忙，將來在工作上也可以變成重要的夥伴。像是個案討論，如果一個企業家跟幾個碩士生一組，年輕學生比較擅長記憶與理論，企業家則有實務經驗，知道哪些理論行不通，可以互相交流理論與實務。

　　王又鵬回憶他念政大企管碩士班時，有些課是跟企家班一起上課，開學分組時，每個小組裡都有兩到三位企家班的同學，有時小組討論還會去企家班同學開的公司。從大學升上來的碩士生沒有實務經驗，而企家班的同學則沒有理論基礎，小組成員彼此互補；「有時候，他們會說：『哎！這是理論派。實務的運作根本不是這樣子的』，但是我們理論派的時間比較多，討論時，可以告訴企家班同學，我們讀的書裡有提到什麼概念，而他可以從實務經驗提出他的觀點。」

贏得「天下第一班」美譽

　　企家班有了第一屆好的開始，後來果然如劉水深所言，報名者愈來愈多，不僅成為華人世界第一個高階企業管理進修班，後來更成為華人世界第一總裁班，許多企業家都以念過企家班為終生榮耀。

　　走過四十年，如今談到政大企家班，這個素有「天下第一班」美譽，讓全台灣大老闆們擠破頭，還不一定能被錄取的進修班，它在華人世界所創下的傳奇，與企家班的總導師司徒達賢密切相關。

　　二〇一八年，司徒達賢在退休典禮上的一場演講，特別講述了這樣一段話：「感謝劉水深所長成立企家班，很多人以為是我成立的，但其實是劉所長成立的。政大企家班成立不容易，劉所長行政能力非常強，感謝他讓我有平台發揮。」劉水深卸任政大企研所所長後，就高升到大葉大學擔任創校校

長，不再在政大企家班任課。

隨著企家班教學口碑逐漸傳開，到了民國七十四年，繼企家班之後，劉水深再度爭取成立科技管理研究班，前面的阻力就沒有了，也不再有是否開放甄試的疑慮了。

科技管理班，助台灣科技產業贏在起跑點

一九七〇年代發生兩次石油危機：第一次石油危機發生在一九七三年，第二次石油危機發生在一九七九年。兩次石油危機，讓政府決定全力發展能源密度低、技術層次高的科技產業。於是一九七三年開始，政府成立工研院，積極投入積體電路研發，以及發展新興科技產業；一九七六年，行政院成立「運用科技研究發展小組」，由李國鼎擔任召集人，鼓勵企業及學界一起來獻策。[9]

　　一九七九年，時任政大企研所第三任所長的劉水深，翻譯了一本《研究發展之生產力》，當時他認為，既然政府鼓勵發展高科技業，技術升級很重要，但是如何將國外新興科技技術移轉至國內，進而開發新技術？

　　回憶當時，他笑說：「我有一點瘋狂，因為當時我實在有點自不量力，曾經跑去找經濟部長李達海，他問我要做什麼？我給他兩個建議。」

　　第一個建議，他認為台灣很多研發人才都缺乏新的技術資料，想要開發新產品卻不知道有哪些技術可用，當時世界競爭還沒有現在這麼激烈，不講究專利，很多期刊都散布著各種科技新知，而碩士班研究生每月都有助學金，因此劉水深建議經濟部長每個月給研究生多一點助學金，讓工科教授指導學生，把期刊裡的技術摘要翻譯成中文，建立一個資料庫，讓企業在研發時，很快就可以找到資料，

幫助企業技術升級。

　　第二個建議，他指出，美國發展新技術通常會擬定好幾個研發方案，最後再選出其中一個，剩下的方案則不用，他提議可以向美國低價購買這些不要的方案回來，再從這個方案的基礎改良精進。

　　兩個建議雖然不了了之，但是劉水深並沒有死心；當時他所創辦的企家班已經辦得火紅，口碑極佳，報名的企業家也開始激增；一九八五年，企家班成立四年後，他再度拜訪教育部，爭取成立另一個在職專班「科技管理研究班」。

引進國外新興技術，蓄積台灣研發能量

　　「科技管理研究班」又是一個創舉。由於企家班的先例，教育部對劉水深辦學的態度與能力毫不懷疑，知道他是認真在辦學；但對另一件事卻充滿

疑惑的問他：「科技也需要管理嗎？美國都查不到有這樣的系所，你怎麼又生出莫名其妙的東西？」劉水深表示，台灣科技產業尚未興起，如果技術要升級，無論是轉移還是創新，都需要有專案管理的能力。教育部沒有質疑辦學立意，但是卻一直質疑「需要這樣的班嗎？」因為涉及的不只有高教司，還有科技顧問室。

當時要成立科技管理班，劉水深沒有人才，引進國外師資也需要錢，都需要靠教育部。由於頻頻被質疑是否有開設科技管理班的需要，有一次，他乾脆跟教育部說：「這樣，我們先來試辦一個班，你可以找國營事業裡管理科技的高階主管，還有工研院負責技術的高階主管，我們先辦一個研討會，讓他們來上課，看是否需要。」

一九八五年，由教育部出資，在台大位於溪頭的校地，舉辦四天三夜的科技管理講習班，國營事

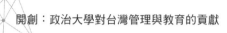

業包括台電等高階主管都前來參加，由參加者在聽課後，決定是否有辦科技管理班的必要。師資一部分由政大老師授課，包括劉水深、吳靜吉等人。

劉水深主要講如何選擇技術專案，那是未來的趨勢，包括評估將來的發展性、考量自身的能力，都是需要管理；吳靜吉則講交流分析。什麼是交流分析？就是教導大家如何跟科技人員溝通。劉水深解釋，管理有很多不同方式，例如科技人員比較恃才傲物，如果用上司的口吻跟他講話，他會不高興，所以講話方式要平行交流，溝通順暢，對技術研發也有幫助。

結果，四天三夜的講習課程，這些來自國營企業的高階主管平時日理萬機，卻幾乎都全程參與，即使中間有事需要離開一下的人，也是忙完之後又趕回來聽講。課程結束後，投票的結果，大家都認為科技管理有必要性，因此，經濟部及教育部決定

推動成立科技管理班。

「沒想到，又出了一個波折，」劉水深說。

科技管理班要籌設成立的消息傳出後，許多大學也開始競相爭取，其中，台大與清大因為都設有理工學院，具有競爭優勢，尤其清華大學認為，工研院既然設在這裡，政府推動的科技管理班也應該設在清大；且清大有理工科，政大沒有。

這的確是政大的致命傷。劉水深急了，趕緊找當時的政大校長歐陽勛幫忙溝通，他自己也奔走教育部，聯繫任職於行政院科技顧問組執行秘書，本身也在推動發展科技管理學程的政大企管碩士班第一屆畢業生馬難先；「我跟他們說，第一，辦講習班都是政大老師去教，大家都很滿意；第二，大家來比企劃書，我們知道如何去做。」最後，科技管理班決定由政大接辦，原名「科技管理研究班」、

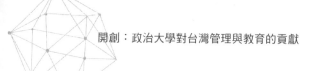

「全球科技事業經營與管理研究班」，後來又改為
「全球事業經營與科技管理研究班」。

延請MIT、史丹佛師資

一九八五年，由經濟部及教育部委託政大籌設
成立的「科技管理研究班」，於三月開班。招生對
象早期以科技業為主，招收企業界及政府機構裡從
事管理科技的中高階主管；修業為期一年，與政大
企家班一樣，都是只有學分，並不授予學位；上課
地點也與企家班一樣，在公企中心。

由於當時科技管理是全新領域，國內相關師資
不足，開班前，劉水深還特地赴美尋找課程師資，
花了很多心力邀請國外師資前來授課。「那時候我
忙得焦頭爛額，從MIT、史丹佛找師資，看這些老
師上什麼課，哪些課是跟我們有關的，然後我就寫
信給這些教授，問他們願不願意來台灣幾個禮拜授

課，」劉水深回憶，師資難尋，好不容易延請遠道而來的國外教授，「他們上課時我們都有錄影，他們叫我們錄下來，我們老師自己再放出來看，邊看邊學他們是如何教學的，因為他們只來幾週就回去了。」

當時，高科技產業才開始起飛，一般人對科技管理毫無概念，科技管理研究班的成立，吸引了不少從事科技業的管理者報名就讀。專門代理銷售賀眾飲水機的賀琮事業公司總經理何智明，正是當年第一屆政大科技管理研究班的學生，時隔三十幾年歲月，何智明對於當時就讀科技管理班的過程，依舊歷歷在目。

首先在師資方面，由於科技管理班在國內是創舉，他回憶，當時前來授課的教師，百分之八十來自國外，至於課程有多新？他記得，有一位麻省理工學院來台授課的老師，說他才剛念完這個課程，

還沒拿到學位，所以是很新的東西。

也因為這些國外教師都是來台密集授課幾週就返國，早期科技班上課時間都是在週間的白天，而且全部英文授課，上完課還要教英文作業，學生課業壓力非常大；「很多人念到一半胃潰瘍，就休學了；或是白天還有飯碗要顧，就念不下去了，」何智明說。

管理問題成為念書動機

他表示，第一屆科技管理班共錄取三十人，念完全部課程的只有十七位，當時班上同學的背景，有不少是已經念完電機博士、化工博士或機械博士的人，以及來自工研院及中山科學研究院的主管，全都是理工背景的人前來就讀。班上同學年紀大約三十幾歲，最大不過四十歲；他自己念科技管理班時，也才三十幾歲，在一家公司擔任總經理，由於

上課時間都是在週間白天，必須主管同意，才能夠有時間來念。

他說，來念科技班的人，都面臨兩種情況：一是被問題追著跑，也就是過去在學校所念的專業，面對當時社會變遷，工業取代農業，需要新的管理方法，所以才會想回到學校念書。二是被工作追著跑，這是因為週間都在念書，但是工作還是要兼顧，常常都是白天上完課，晚上趕回去加班。

尤其是第一屆大部分都是外師授課，直到第二、三屆之後，才逐漸由本土師資取代，第一屆學生的課業壓力可想而知。當時外師的課多又密集，上課除了要閱讀英語教材，還要用英文與外師互動；班上出國念過書的人，英文自然沒問題，但本土學校畢業的人就比較吃力，幸好英文好的同學會幫大家做摘要，甚至上課時擔任翻譯；「那時英文專名詞很多，如果你用英文回答，老師一臉茫然，

旁邊的同學會幫你打 pass，」至於課程內容方面，
除了基本的五管之外，「麻省理工學院老師教的科
技政策，還有一些科技方法，如果今天你是科技業
主管，用到的機會很多。」

　　大家念得這麼辛苦，除了英語教學外，主要是
企管知識的基礎不足；例如，會計課程直接跳過初
會、中會與高會，一開始就念管理會計，就好像還
沒學加減乘除，直接念微積分。雖然如此，但從另
一個方向來思考，科技管理班招募的對象，就是希
望加強科技業專業經理人的管理能力，透過上課，
有了管理會計、人力資源及管理心理學的概念後，
何智明表示，對他自己的幫助很大。

　　當時，他在一家半科技半傳統的公司擔任總經
理，內部很多管理問題沒辦法解決。公司準備發展
連鎖店，他想了解關於採購、人員訓練，以及加盟
店與總部之間，應該採取哪一種管理模式，所以才

主動跟公司申請去念科技管理班。

「早期我們同仁流動率非常大，在這個情況下，我一直在想，我們的行業跟別的行業有什麼不同？我的同仁為什麼會離職？我怎樣設計一套制度與管理模式，降低同仁離職率，還能在這裡找到他的興趣？」這是後來何智明成立經銷商之後，創業初期所面臨的管理問題。

學以致用，至今受用無窮

科技管理班畢業後，何智明把所學用在管理制度上，開始設計一套新的管理模式；例如，上管理心理學這門課時，教大家去剖析人除了物質收入外，精神上要的是什麼？不同產業的人員有不同特徵，管理模式要適當搭配他們的學歷與想法。

於是，他設計一套制度，將薪資設為四種；除

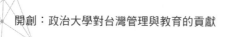

了每月五日發本薪、二十日發當月獎金、每一季再發季獎金、年終還有年終獎金，在民國七十八年，這樣的管理制度頗為創新，何智明不無驕傲的說：「後來我們的同仁從進來做到退休，都沒有再換過工作。」

其他包括上課所學的作業程序與系統分析等，他在分配員工工作時間時，將其應用在大家的時間管理與路線管理上，每個人能力不一樣，如何善用作業程序的安排，讓彼此補位；「像疫情緊繃的時候，我們的同仁沒有因為疫情而降低目標，他們會適時達成任務，」他說。

至今，他還留有當年上課的課表，課程內容非常扎實，例如，國際技術轉移、科學與技術政策、研究發展管理、專案管理、公司之技術策略、技術預測與技術規劃、決策用統計方法、系統分析、工業心理學、財務規劃與控制、企業環境等課程；另外還有賴

士葆教的投資分析，以及黃俊英教的統計學。

「當時司徒達賢老師那一年指導的學生寫的論
文，全部都是寫連鎖店，他從行銷策略、財務管理，
從不同產業去寫連鎖店，我很認真，一本一本翻出
來看，」白天他認真讀書，晚上就回公司將所學的
寫成員工教育訓練手冊。

雖然修業以一年為限，但想要在一年密集修完
所有學分，還要兼顧工作，幾乎是不可能的事，以
何智明而言，他從第一屆修課到第四屆，花四年才
把學分念完。但是班上也有少數幾位同學竟能在短
短一年內修業完畢，例如著名的江陵建設創辦人林
美東，就是他的班上同學。何智明回憶，當時林美
東還是中興電機的科長，很認真念書，後來他把在
科技管理班學到的東西運用在事業上，「我個人認
為，在新店地區的建設公司，沒有一間知名度與信
賴度比他還高，他是區域王。」

科技班校友輩出，包括佳世達科技董事長陳其宏、前民用航空局局長沈啟、前力晶半導體副總丁振鐸、友通資訊獨立董事周光仁、亞旭電腦董事長兼總經理林成貴等人。

如今處於半退休狀態的何智明表示，很多新創公司的年輕朋友找他聊天，但他發現，對方對於什麼是營業概算書？什麼是損益平衡？都非常模糊；「我們衡量一間公司是否穩健，用的是本益比，他們用本夢比來衡量，如果你的想法剛好得到賞識，被併購就很強，但很少有企業這麼幸運，」他感嘆的說。

何智明是在念了科技管理班之後，深刻知道基本五管知識的重要，就像企業的樹根，樹根扎實，才能長出大樹。他認為，所有背景的人，都應該學習所有的管理課程。

企管資料庫，企業交流的平台

　　從企家班到科技管理班，做為影響後來國內企業發展深遠的兩個高階管理者在職進修班的創辦人，劉水深是這樣看的，企家班最主要是讓管理者開啟不斷進步的契機，現在面對的是世界競爭，我們不能閉關自守，而是創新；科技管理班是因為新創公司成功者少，看到大環境趨勢以及自己的技術可以怎樣配合，如何選擇應該研發的行業，這就很重要。

　　除了在課程及開班上，力求務實，不斷創新外，為了讓管理知識普及，政大企研所很早就開始創辦專書、期刊與個案集等。第一任所長楊必立就出版共四本《台灣企業管理個案集》，提供給全國商學院學生參考，這是國內第一套企業管理個案專輯；一九八二年，第三任所長劉水深創辦全球第一本華文管理學術期刊《管理評論》，由政大企研所

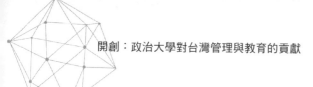

負責編著，以研究華人世界的管理問題為主。四十年來，《管理評論》做為華人管理研究的平台，從個案教學撰寫及研究，刊登了數百篇論文，在管理學術界備受推崇；更累積成一個豐厚完整的資料庫，提供給各大學商學院使用，「跟其他期刊不太一樣的是，我們做了很多本土的企業個案。」一九八三年，他更進一步成立光華管理策進基金會，納入《管理評論》編務。

到了司徒達賢接任第四任所長時，不僅積極翻譯國外企業個案，並蒐集本土企業案例，寫成《管理與政策個案集》、《管理與組織個案集》兩本個案集。他也接手《管理評論》業務。後來，《管理評論》改為評審制度的學術期刊，成為當時台灣少數TSSCI（Taiwan Social Sciences Citation Index，台灣社會科學引文索引）的企管學術期刊之一。

除此之外，一九八八年，司徒達賢更在任內創

辦國內第一套中文企業管理文獻資料庫，將其定名
為「企管文獻摘要檢索系統」（Management Abstract
Retrieval System, MARS）。

一九八六年，國外具檢索功能的資料庫也才剛
起步。司徒達賢回憶，有一次，政大企研所邀請國
外學者演講，介紹資料庫的檢索功能，「我一看就
知道我們能做，雖然沒辦法全文檢索，但是只要有
關鍵詞，就可以搜索，」於是，他找來企研所碩士
班熟悉電腦程式的學生林震岩（後來在政大完成博
士學位，擔任中原大學教授），用當時的常用軟體
dBase，協助規劃設計一套檢索系統，召集學生一
起從事全國論文及雜誌的蒐集，並進行摘要撰寫，
費時兩年才完成這套國內第一套中文企業管理文獻
資料庫。

當時，由潤泰集團所成立的財團法人紀念尹珣
若先生教育基金會，長期以來，一直提供政大企研

所豐厚獎學金，在各方面資助學生，其中一百萬就是用來協助這套文獻資料庫。

二〇一〇年，光華管理策進基金會將MARS全面改版，增加收錄期刊全文與管理個案，資料更為豐富，正式更名為「臺灣管理文獻與個案收錄庫」（Taiwan Management Articles and Cases Collection）。

開創時期篳路藍縷，等候教育開花結果

而為了讓教學活潑化，司徒達賢特別自國外引進全台第一套經營競賽遊戲（Computer game），請當時還是博士班學生的吳思華，召集會寫程式的學生，把這套經營競賽軟體做出來，讓學生透過電腦遊戲，模擬企業經營管理過程，從計算企業利潤、存貨多寡，從中學習如何做決策等，並以「BOSS」（Business Operation Simulation System）命名。一九八五年暑假，他擔任系主任時，政大企管系與

救國團合辦三天活動，也特別舉辦經營競賽活動，讓各校來參加。這套教學系統後來在光華管理策進基金會接手後，朝商業化邁進，廣受其他大專院校及企業歡迎。

回想四十年前的篳路藍縷，開創時的艱辛與大小挫折，劉水深笑說：「我是自己找麻煩啦！」他感慨，外界都以為企家班與科技班的成立，好像天經地義很容易，其實背後付出極大的努力。當時他擔任所長，有行政業務要忙，還要兼課，卻仍然在任內開創出華人第一個高階主管進修班與科技管理班，影響後來台灣企業管理者甚鉅。

「成立企家班時，台灣經濟才剛起飛，我做為國立大學的教授與所長，看到問題，假如可以提供給政府採用，造福大家，這是我的責任，」劉水深堅定的說。

第四章

百年樹人

政大企研所碩博士生的職能與發展

政大企研所做為台灣管理教育先鋒，不僅首次引進美國現代管理教育，也是國內首次以培養企業經理人為目標所開設的企業管理研究所；而政大企研所博士班做為師資種子，培育許多優秀的學術人才，更是台灣各大專院校商學院重要的師資來源。

政大企研所碩士班，國內最早培養企業現代管理人才

一九六四年，政大企研所碩士班的成立，不僅首次引進美國現代管理教育，也是國內首次以培養企業經理人為目標所開設的企業管理研究所；當時台灣經濟正起飛，急需大量現代管理人才，政大企研所碩士班的成立，對企業發展影響甚鉅。

不僅如此，政大企研所碩士班的重要性，更在於它的開創精神，打破科系限制，歡迎企管系以外的畢業生報名，尤其鼓勵大學工科畢業生來念企研所，改變當時工科畢業生傳統出路，提供更多元化的職涯發展；更首次將個案教學導入課程設計中，打破傳統單向授課方式，透過互動式教學，培養學生邏輯思考與解決問題能力。

當時，全台自美國留學回來的企管博士幾乎全

部都在政大企研所任教，讓許多學生趨之若鶩；究竟，這群從美國相繼帶回最新管理知識的教授，有什麼獨特的教學方式，讓政大企研所碩士班的畢業生後來相繼投入職場時，都深覺受用無窮？

從投行教父到創投天王都受用的能力

有「台灣投資銀行教父」之稱的新全資產管理公司董事長宋學仁，原本大學念的是交大管理科學系，因為對從商感興趣，畢業後報考政大企研所碩士班，以第一名錄取。

一九七五年，他進入政大企研所碩士班第十三屆就讀，包括後來擔任奧美集團董事長的白崇亮、政大科管所教授李仁芳、輔大副校長吳秉恩、台大教授洪明洲等都是他的同班同學。他指出，當時台灣重工輕商，男孩子書念不好才去念商，而且工科畢業出來的薪水非常好，是當時一般人薪水的兩

倍，但是班上有很多台大工學院畢業生來念，可見
都是對自己未來很有想法的人。

　　他坦言，在未進企研所之前，他以為企管就是
了解會計與財務就好，但進入政大念書後，當時台
灣經濟開始起飛，人民開始注重消費，彩色電視機
才剛流行，需要做行銷策略，班上有一半以上的同
學都主修行銷，許士軍、黃俊英、劉水深等多位教
師，都是教行銷，師資相當齊全。

　　給予他最大啟蒙的是碩二時，剛從國外留學回
來的司徒達賢開的「企業政策」這門課，他指出，
企業政策比較高層次，不是從功能性去講管理，而
是講商業策略與公司定位，百分之九十以上的內容
他都聽不懂；他舉例，當時個案教學有一個個案談
《花花公子》（Playboy）這本雜誌面臨的管理問題，
但是一九七〇年代的台灣，大家根本沒有聽過《花
花公子》，更不了解《花花公子》的客戶群、它的

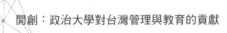

客戶群可能面臨怎樣的轉變，或是有哪些競爭對手可能取代它。雖然讀得很辛苦，但是經過一年學習，逐漸有些東西沉澱在腦海裡，他才領悟，原來司徒達賢教的企業政策是商學院的精髓。

邏輯思考力

宋學仁說，上了司徒老師的課之後，他不再把自己當工匠思考，而是企業的經營者，因為司徒達賢常要他們 think like a business man。後來，他到哈佛商學院念書才體會到，原來哈佛商學院從頭到尾都在教學生，如何從企業政策角度去思考，不同型態的環境下，應該有不同的組織架構與產品，也告訴大家管理沒有定律，因為沒有一件事是一成不變。此外，哈佛更要求學生每天要念三個個案，每個個案長達四、五十頁，也是司徒當年個案教學種下的種子，讓他習以為常。宋學仁也是司徒達賢第一個收的入門弟子，因為他是第一個請司徒達賢擔

任論文指導教授的學生；他感慨的說，念哈佛以及進入業界做事之後，就更能體會司徒老師教學；「假設你是一個武功師傅，要是還受限於少林派，或是武當派，永遠都不會成為大師；能夠融會貫通，發乎自然才是功夫大師，真正厲害的人不會拘泥任何東西，所以可以了解在什麼情況下做什麼事情。」

還有一項讓他終身受用的事，當時政大企研所有一門課，邀請企業老闆來講課，與學生座談一整個下午，包括遠東集團董事長徐旭東等人在內，讓學生感受到將來做CEO應該具備的條件。他記得，當時許士軍所長邀請當時台灣最大外商，飛利浦（Philips）的總經理來跟學生座談，讓他印象深刻的是，這位總經理告訴大家，他有一個習慣，每一個月一定要有一天空下來，去思考未來要做的事，站在高處去看未來。當時司徒老師特別強調：「你們一定要記得這一點，這一點很重要。」

宋學仁一生都受益於這句話。碩士畢業後，正好當時花旗銀行決定開始長期培育本土管理人才，招募三位儲備幹部，全部來自政大企管研究所碩士班，宋學仁是其中一位。在花旗工作時，他永遠會撥出時間去想，例行工作之外，他的未來方向在哪裡？要走什麼路？告訴自己不要把頭埋在沙裡，要抬起頭來往前看一下。也因此，他都能明白看出哪些是真正重要與不重要的事情，就能花多一點時間在重要的事情上。

當時政大企研所碩士生有多紅？他還記得花旗有數百位員工，但是當初他們帶著MBA頭銜進入公司時，大家都知道來了幾位政大企研所的人；他更表示，我們的機運很好，當時台灣經濟高速起飛，對管理人才需求大，幾乎沒有前人擋住我們的路，因為之前國內沒有任何管理人才培育，工作與機會都在我們前面。

　　而另外一位在創投界相當有名的華威國際集團創始合夥人及董事長張景溢更表示，政大企研所訓練學生綜合思考與決策判斷能力，對他日後在工作上影響非常巨大。

從廣度、深度與高度思考並解決問題

　　被封為「創投天王」的張景溢，是兩岸相當有名又低調的創投家，台北工專電機科畢業的他，因為想協助哥哥做生意，因此決定念企管，他曾經念過中興大學企管系夜間部，後來考上政大企研所碩士班第二十六屆，他記得當時班上都是來自頂尖學校的學生，口才好、反應快，說話條理清楚，給他很大衝擊：但真正帶給他最大衝擊的是司徒達賢的個案教學，這門課獨特之處在於訓練學生聽說讀想的能力，每次上課必須非常專注，因為他點名同學回答時，不是要大家專注在自己上課的筆記上來回答，而是要求總結前面幾位同學回答的話，進一步

問差異在哪裡，還必須有邏輯性的表達，雖然壓力非常大，但是對他在思考上產生很大影響。

另外還有吳靜吉老師的管理心理學這門課也讓他印象深刻，他記得有一堂課，吳老師要求大家兩人一組，一個人揹另外一個人上下台階，揹的人必須矇眼，讓背上的人指點該如何走，訓練大家責任心與同理心。

畢業後，他曾在中華開發工作八年，從協助投資部門同事處理後台投資作業，因表現優秀躍為第一線，台積電與世大合併案就是他經手處理。一九九八年，他創立華威國際集團，在兩岸成績斐然。他說，政大企研所給他的訓練是潛移默化的，讓他在創投這個行業可以用廣度、高度與深度去做思考與決策。

他指出在創投這個行業，必須從廣度、高度與

深度來看，才能抓出一件事的核心問題。但要如何
抓出問題？這時候個案教學訓練的「聽說讀想」就
很重要。首先要問對問題，才不會只問到表面；而
問對問題之後，還要思考如何歸納前後問題，找出
一致性的問題。

　　例如，這家半導體公司的生產，為什麼良率不
高？是設備問題、設計問題、產品問題，還是人員
訓練問題？說不定，這幾個問題只是其中的一部
分。如何把一個問題拆解並理解，然後找出源頭，
這就是深度。而司徒達賢在訓練學生的過程中，就
是一直驅使大家去追求問題的本質，他覺得很有幫
助，讓他在做決策時可以用比較客觀的角度思考，
而不是陷入對方給的邏輯中。

　　他常跟同事講，廣度叫做「周延」；而高度就
是，現在解決這個問題是短期還是長期？過去是否
發生這個問題，從時間軸去看歷史與未來可能產生

什麼影響，三維的角度就出來了，這種三維思考訓練可以讓他在解決問題時，透過廣度、高度與深度去做決策，這都是當年念政大企研所種下的習慣。

還有一點讓他很受用，當年他的碩士論文〈集團企業多角化型態和每股盈餘績效的關係〉，他與另外兩位同學花了一年半時間，蒐集民國六十到八十年間，台灣五百大企業包含旗下子公司的財務表現達二、三十萬筆，一一鍵入電腦，進行迴歸分析，雖然是苦工，但是也讓他因此了解台灣這二十年間的產業變化與環境改變，對每個集團產生怎樣的影響和策略，讓他對台灣產業有全面廣泛的了解，等於是為未來事業打下一個良好的基礎。

正因為政大企研所碩士班的思考訓練影響他很大，所以他表示，員工有百分之六十到七十都是進用政大企研所的同學或是學弟妹，因為大家在溝通上，談到五力分析（porter five forces analysis）、

策略與商業模式時，彼此很容易理解，不需要浪費時間磨合，團隊的默契很高。

同窗變同事，合作默契高

這種因為受過相同思考訓練，彼此在工作上信賴的例子，還包括群光電子總經理呂進宗與已過世的群光電子副董事長兼群光電能董事長林茂桂。

呂進宗回憶，當年念政大企研所碩士班是在金華街的公企中心，碩士班一班四十人，加上也在公企中心上課的博士班與企家班學生，加起來不過七十人左右；由於公企中心校園不大，大家碰面機會多，除了很多選修課程，碩士班學生都會與博士班與企家班學生一起上課，分組討論之外的時間，下課後也經常在圖書館相遇，互動頻繁。

林茂桂與他同期進來政大企研所，林茂桂是企

家班，很多課都一起上，分組討論時也分在同一組。他笑說，我們碩士班學生理論懂得比較多，可以當企家班的書僮，幫他們整理筆記；企家班的學生實務經驗豐富，彼此可以互補，學習效果比老師單純授課更好。因為企家班學生事業忙，他還記得當時小組討論經常在企家班學生的公司會議室裡，大家拎著便當或是點心，花一整個下午討論功課，不僅建立深厚同窗情誼，碩士班快畢業時，企家班同學就會來邀請碩士畢業生進他們的公司工作。

他說，有的企家班學生找他去遊艇公司上班，或是汽車業，後來他選擇接受林茂桂的邀請，跟著他進入電子業。林茂桂對他而言，亦師亦友，因為有相同的學習背景，提出的想法，他都能進一步理解，因為學校教過做決策該如何進行，所以做事比較有默契。林茂桂久病辭世後，呂進宗也接棒擔任總經理一職，在業界傳為佳話。

　　呂進宗說：「在政大企研所的學習，讓我們進入產業界後比較快速融入其中，可以縮短我們的學習曲線。」

　　碩士班第三十屆畢業生，克蘭詩（Clarins）台灣區總經理陳素慧，也對當時與企家班學生一起上課印象深刻。她表示，自己是文組學生，但是班上有很多來自外校的理工學生，加上企家班有實務經驗的同學彼此交流，經常在小組討論時，獲得許多不同觀點的刺激，尤其，小組討論與分工過程，其實就是一個公司團隊合作的方式，在過程中看到每個人擅長之處，對她日後在管理上頗有助益。

　　不過，她強調，由於當時她是從政大外交系進入企研所碩士班就讀，沒有工作經驗，所以對於當時課堂上談到的領導與管理較無感，這是讓她覺得可惜之處，反倒是工作以後，擁有更豐富的管理經驗後，對於企管知識就會開始重視；尤其班上同學

畢業多往金融業發展，她進入行銷界是少數，因此，她希望企研所未來能夠多開與品牌價值和行銷相關的課程，讓在外商服務的人有更多的學習管道。

團隊合作意願高

政大企研所碩士班培育出許多優秀的企業經理人及經營者，例如曾任海基會副董事長的高孔廉、在裕隆集團擔任董事長特別顧問的徐善可、國泰金控資訊長張家生、智星董事長彭錦彬、在優良化學製造擔任總經理的陳亮誌、在長興材料工業擔任董事暨策略長的蕭慈飛、台北富邦銀總經理程耀輝、頂新國際餐飲事業群執行長蘇明瑞、偉訓科技副董事長兼總經理王駿東、復盛工業公司總經理呂謙本、曾任中山科學院院長的沈方枰等人；而走入學界的校友也頗多，例如政大企管系特聘教授于卓民就是畢業於政大企研所第十四屆的學生，後來赴美國密西根大學拿到企管博士並在美國伊利諾大學香

檳校區（UIUC）教書，司徒達賢任所長時，特地到美國邀請他回政大教書。

與于卓民同樣去念博士，後來進入學界服務的人也不在少數；例如吳聰敏擔任台大經濟系教授、湯明哲任台大國企系教授、張重昭擔任台大商研所所長、蔡敦浩擔任中山大學企管系教授、陳國泰任台大會計系教授、吳思華後來更擔任教育部長，還有不少人在國外教書。

于卓民指出，政大企研所的教育讓他們也能用市場的角度來評估未來，當時台灣的企管博士很少，從市場需求的角度來看，未來需要更多企管教師，機會多；而他選擇讀國際企管，也是因為台灣是海島型經濟，本土企業一定要到國際發展或投資，將來需要國際企管相關領域的知識，所以決定走入教職。

他指出，政大企研所的課程教授以實務見長，加上課程有許多小組討論，培養很多團隊合作機會，在這種教學文化洗禮下的學生，畢業後進入職場不僅能很快將理論應用在實務上，更重要的還在於團隊合作的態度，這是政大企研所畢業生很大的特點。

耳濡目染政大MBA創新精神

政大MBA教育雖然以培養經理人為方向，不過，也為學術界培養了不少人才；尤其，以碩士班第十四屆及第十五屆來說，是歷屆培養出最多校長、副校長，以及院長以上的班級；例如，政大前校長吳思華、湯明哲曾任台大副校長及長庚大學校長、澎湖科技大學前校長陳正男、曾任國防管理學院院長的萬英豪等人。

政大企研所第十五屆碩士班畢業，同時也擔任

政大企研所校友會會長的萬英豪，大學就讀中正理
工學院，畢業後擔任職業軍人，當時政大企研所有
提供名額給軍方來報考，在金門擔任軍官的他，決
定申請報考。

他還記得，當時競爭非常激烈，報考政大企研
所的人達千位以上，只錄取四十個。考進企研所
後，給他的衝擊也很大。當時他以為暫時離開軍中
嚴格管束後，進入學校念書會比較輕鬆，沒想到每
週每個科目都有指定文章要讀，少則三、四篇，多
則七、八篇，全都是艱澀的英文文章，光是查單字、
理解文法就耗費大半時間，不像現在還有網路可以
直接翻譯；後來大家分組分工研讀文章再交換心
得，壓力又更大，因為別人都整理好文章了，自己
就更不能落後。

「很多人被逼到晚上躲在棉被裡哭，」他說，
因為課業壓力實在太大，就連分組討論時，大家經

常拍桌吵架，原因是政大MBA鼓勵大家要有自己的想法，換言之，文章精讀還不夠，還必須在課堂上接受老師一再追問，所以在分組討論時，大家都積極表達自己的意見，這種拍桌激辯，後來都成為終生情誼。

對他最大的衝擊更在於，傳統教育教導 how to do，來到政大後，必須學習 how to thinking 的系統性思考；尤其在民國六十年代，大家都不懂得什麼叫做管理，他在軍中接受的是權威式管理，來到政大後才發現管理有很多面貌，加上政大MBA採取的是通才教育；他以武俠小說為例，武林中有各個門派，政大MBA教育就是老師們有系統的將各門派的武功整理出來，傳授給學生，學生在了解所有門派的基礎功夫後，再依個人喜好選擇自己想要深入的門派，精研這個門派的所有武功。

例如他主修的是生產管理，但是管理學的基礎

他也都學了，這是因為所有不同面向的管理，到最後都橫向彼此有關聯，這樣的學習方式對於系統式思考有很大幫助。

或許在今日，大家對於腦力激盪、分組討論、個案教學已經耳熟能詳，但是在一九七〇年代，對於從小接受填鴨式教育長大的學生而言，都是嶄新的體驗；加上當時的師資全都是剛從美國接受最新管理教育回來的博士，他們將美國大學課堂討論風氣帶到政大，要求每位學生都必須參與課堂討論，打破當時知識傳授模式；萬英豪後來在各大學教書時，也是堅持「學生一個都不能少」，必須輪流參與課堂討論。

「以前我們每天埋頭做事情，但是沒有系統化，到政大念書後豁然開朗，原來知其然更必須要知其所以然，」萬英豪念政大最大的收穫就是學習到系統思考，這種潛移默化的訓練，讓他日後無論是在

教書或是從事管理工作時，非常清楚一件事，就是看清事情本質；例如，在管理上，找到對的人，才能做對的事。

曾經擔任國防管理學院院長、海基會前主任秘書的萬英豪感嘆，所謂「兵好找，良將難求」，管理也是一樣，一個好的管理者，可以帶領組織、單位，甚至國家往對的方向，做對的事。他指出，管理學在台灣發展的歷史上，政大占有很重要的地位，當年從國外回來的菁英，這些老師們都把心力放在政大；正因為他們無私貢獻，才能擦亮政大MBA教育這塊招牌，經他們培養的學生，後來也傳承他們的創新精神，繼續發揚光大。

🔷 政大企研所博士班，早期國內企管教育的師資培育搖籃

一九七六年，在第二任所長許士軍的籌劃與領

導下，全台第一所企管博士班在政大企研所誕生，四十多年來，政大企研所博士班做為師資種子，為學術界培育許多優秀的學術人才。博士班校友在學術界中傑出的研究者及教師很多，不及列舉，僅列出這些包括曾任及現任學術行政職位的人；例如，台北經營管理研究院院長及董事長陳明璋、國立中山大學副校長周逸衡、輔仁大學學術副校長吳秉恩、國立嘉義大學副校長蔡渭水、國立中正大學副校長何雍慶、前教育部長及前政大校長吳思華、澎湖科大校長陳正男、曾任經濟部長及台北大學商學院院長黃營杉、中山大學管理學院院長蔡敦浩、中原大學法學院代理院長嚴奇峰、中原大學商學院院長劉立倫、實踐大學教務長及管理學院院長王又鵬、大葉大學副校長謝龍發、國立雲林科技大學管理學院院長陳振燧、義守大學副校長林麗娟、明志科大管理暨設計學院院長林晉寬、國立屏東大學學術副校長曾紀幸、高雄第一科大財金學院院長李春安、輔仁大學管理學院院長許培基、醒吾科大副校

長兼研發長鍾志明、台北大學商學院院長陳宥杉、
國立陽明交通大學管理學院副院長郭國泰、行政院
主計處處長林志忠、東吳大學商學院院長余朝權、
台大工商管理學系主任張重昭等人。

　　尤其，長達十一年的時間，政大企研所博士班
一直是台灣唯一的博士班，一直到一九八七年，台
大成立管理學院及博士班後，才被打破；也因此，
如今，台灣各大專院校的商學院，專心於教學工作
或行政工作的，很多都是畢業自政大企研所博士班
的校友。

　　政大企研所特聘教授于卓民指出，政大企研所
做為台灣管理教育先鋒，無論是大學部的企管系、
研究所的碩士班及博士班都是從政大開始，尤其是
個案教學，也是第一所大學在課程上大量引用個案
教學，這些博士班學生畢業後，也將個案教學用在
教學上，影響對實務教育的重視。

啟迪獨立思考能力

曾任財政部次長楊子江就是畢業於政大企研所博士班第八屆，他們這一班同學後來都赫赫有名，包括奧美集團董事長白崇亮、台大商學院教授洪明洲，以及後來擔任經濟部長的尹啟銘等人。

楊子江大一時念政大外交系，當時政大外交系、企管系及新聞系都是該校熱門科系，尤其是外交系，向來只有學生轉入，幾乎沒有人轉系，但是當時政大企管系也很紅，進入政大就讀的大一新生，有兩成都想轉入企管系。他還記得，當時一百八十人報考轉系到企管系，只錄取二十位，可見競爭激烈。

他退伍後，擔任司徒達賢的大四課程助教，再赴美伊利諾大學念MBA，回來到中國商銀上班，當時他在中國商銀薪水比外商高，工作輕鬆，中午

還可以午睡，下午五點就下班，反而覺得缺乏挑戰，因此決定去報考政大企研所博士班。

一九八三年，他進入博士班就讀，當時每年有四十到七十位學生報考政大企研所博士班，只錄取十位以下，競爭非常激烈，又是全台唯一企管博士班，許多工科學生也搶著報名，例如他的班上同學白崇亮在讀政大企研碩士之前，是台大機械系畢業，尹啟銘則畢業於交大管理科學所。

楊子江說，他剛進博士班時，尚未有「簽到」制度，也尚未規定學生不准在外兼職；所以他一邊在中國商銀上班，一邊念博士班，可是半年後，他就主動辭掉工作專心念書。

他說，博士班一年級下學期來了一個殺手級的老師，那就是司徒達賢，他開的「組織理論與管理」，要求學生要精讀企管經典著作，一個學期要

看二十本原文書，上課時，司徒老師就會問：「這本書你看了嗎？作者講的決策怎麼做？」

他們班上包括白崇亮、尹啟銘以及他，口才都相當好，但是碰到司徒老師就無法口若懸河，因為司徒老師會說：「我知道你的口才很好，但是我不是要聽你講，我是要聽作者怎麼講，」換言之，就是非得讀過這本書，才能講出道理來。

他至今記憶深刻，司徒老師還會問：「從這本書的觀點，會怎麼去批評另外一本書的觀點？」他心想，一本書都沒讀完，要如何批評？也因此，他的博士生涯過得戰戰兢兢，卻至今受用無窮，他說，政大企研所博士班的課程，訓練學生獨立思考與邏輯推理能力。他畢業後到中華開發上班，當時的總經理江萬齡交給他一個案子評估，這個案子是德儀與宏碁成立德碁半導體，準備來台發展 1 mega 的 DRAM（Dynamic Random-Access Memory），中

187

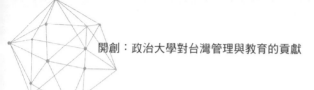

華開發是宏碁的大股東，宏碁想投資這個事業，尚缺八億元資金，請中華開發評估後並投資。

　　當時，半導體產業才剛興起，他從來沒聽過半導體也沒聽過DRAM是什麼，董事會提供的資料也才一頁半，根本無法獲得任何資訊。但是他發揮當時讀博士班的精神，努力找資料、找書，打電話到國外投資銀行請教半導體產業，最後這一頁半的資料，他問出十幾個問題，把宏碁的一位副總級的半導體專家給問倒，因為楊子江詢問對方，蓋一座晶圓廠加上買設備，第三年才能量產，屆時整個市場已經往4 mega走，既然如此，為什麼還要蓋生產1 mega的晶圓廠？對方很生氣，說他不懂，楊子江回答「我是念商的，我不懂但是我可以看資料，」後來他將這個案子研究結果報告給江萬齡，這個投資案因此取消。「雖然沒有投資，但是宏碁很感激我幫他們解決問題，」楊子江更感謝司徒老師，過去培養的邏輯思考及研究方式，讓他可以在

工作上發揮出來。

他又回憶說，當年他的博士論文由司徒達賢指導，過程非常痛苦，因為光是論文題目就被退了三次，寫論文時更是勤跑中華徵信所抄寫當時的產業資料，壓力大到半夜還會從睡夢中跳起來，趕緊繼續寫論文。但是他寫的論文談策略性組織觀念，也成為他一輩子驕傲的事，這篇論文受到了中研院的注意，還特別邀請他去演講。

「我受的博士班教育，讓我終生受用，」楊子江感激的說。

而與楊子江同班的前經濟部長尹啟銘，交大工學院畢業後，碩士念的是交大管科研究所，畢業後他在行政院經濟建設委員會工作，進入政大企研所博士班就讀，花了五年半時間畢業。一方面是因為邊工作邊念書，需要比較長的時間來完成論文；一

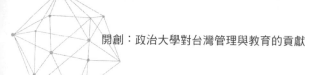

方面他認為，一個好的學校長期浸淫校風很重要，如果才念三年就畢業太可惜，他反而可以享受到學校的許多資源。

他還記得進入博士班時，司徒達賢第一堂課就問大家：「你來政大博士班希望得到什麼收穫？」有人說希望多讀書，尹啟銘的回答是：「希望思考方面獲得啟迪。」

事實上，他認為他念政大企研所博士班最大的收穫，就是思想上的啟迪。他指出，政大企研所博士班的老師傳授的不是知識，因為知識自己看課本就可以獲得，他們講的都是思維。他還記得，這些老師上課都不帶課本，直接就在黑板上講各種理論，信手拈來將所有理論融會貫通，一邊教，一邊啟發大家思考，讓他非常欽佩，也讓他領悟到，好的老師不是帶你讀書，而是帶你思考。這就是政大企研所老師的特色。

　　他以司徒達賢的授課方式為例指出，人最怕思考，因為最難，可是司徒老師往往是從思考下手，他會挑戰、訓練你的思考方式，考你的創意創新，所以大家既怕他又喜歡他。他笑說：「司徒教策略，指定每個人要讀兩本書，大家最怕他抽問，因為他問的問題一環扣一環，問到把你逼到牆角，無處可逃，他再一擊即中，你就倒地不起。」司徒達賢的用意是讓大家了解問題本質，才能對症下藥。

　　也因此，班上同學非常團結，學習氣氛也很好，大家一起念書的同窗情誼，讓他們畢業後，至今固定聚會，尹啟銘笑說，他們有一個「酒肉會」，經常一起聚餐，包括潤泰集團總裁尹衍樑，雖然晚他們一屆，卻比誰都用功，所以比他們提早畢業。

司徒達賢的四字名言

　　小他們一屆，就讀政大企研所博士班第九屆，

曾在中原大學商學院擔任院長的嚴奇峰，大學時念過建築系與物理系，後來考慮到將來發展機會，又轉到企管系念書。大學特殊的三個科系經歷，反而讓他在進入政大企研所博士班後，在課業壓力下，自成一套讀書與寫筆記的方法。

他表示，司徒老師的課最重，「組織管理與理論」這門課規定一學期要讀十八本經典名著、十六篇經典論文。第一個月，每週讀四篇論文，第二個月，每週精讀一本經典企管名著，然後略讀另外一本經典名著，一個學期必須精讀九本經典。

不僅如此，精讀經典之外，還必須寫十二張六百字稿紙的報告，他笑說，當時他一週只上床睡覺六天，也就是週二下午司徒老師的課，週一起床後，他就開始閱讀、寫報告，一路寫到隔天下午再去上課。

　　他的讀書方式很特別，先看經典的序言，他說，序言就像草稿，讓他對接下來的篇章有基本的邏輯概念，他一邊閱讀，一邊在紙上將整本書的思想，用流程圖的方式畫下來，所以每次交作業，他都比別人多一張稿紙，那就是十二張的報告加上一張流程圖。

　　流程圖的好處是，上司徒老師的課時，當老師提到書中的哪一個地方，他都可以藉由流程圖清楚掌握這個點出現的前因後果，對上課很有幫助。後來他在大學任教時，也是採行這種方式，一開始先介紹教科書的架構，在講解各章節內容時，隨時都可以回到架構上，指出這個篇章的重點所在，幫助學生記憶。他的筆記後來廣為流傳，學弟妹準備資格考時，考古資料都有他當年所繪的流程圖影本。

　　他指出，閱讀經典跟教科書不同之處在於，教科書是整體研究的結果，可以一章一章獨立出來

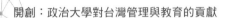

讀，但是經典名著必須一路讀完才能掌握整個思想，所以在閱讀上馬虎不得；他還記得班上有同學被司徒老師點名卻答不出來時，老師就會拿著保溫杯說他出去加個水，等他出去後，同學間就會互相幫忙，給答題的同學提示，讓司徒老師回到教室後就能獲得答案。

司徒達賢當年上課有兩個經典的「四字名言」，那就是每次上課談到觀念，他都會說：「舉個例子。」談到實務面時，他就會說：「說個道理。」他受這四個字影響很大，也對他教學有很多啟發。

他們班上有一個企業家同學尹衍樑，當時他是潤泰總經理，實務管理經驗豐富，對老師與同學非常客氣又用功，大家都會請教他對實務的看法，讀書會也經常在他的辦公室開。有一次，嚴奇峰畢業後參加一項學術研討會，聽到旁人說尹衍樑讀書都是秘書幫他完成，他立刻出來反駁，因為他就是見

證人，大家一起讀書，親眼所見都是他親力親為。

嚴奇峰表示，政大企研所博士班在業界聲望高，至今影響許多人；尤其是早年政大博士班對學生的訓練是三維空間的思考方式，也就是透過閱讀經典名著，去思考整體脈絡，同時強調要應用到實務上，與後來閱讀一篇篇學術論文的教學方式有很大不同，雖然各有優點，但是早期學生自主學習力強，同儕之間互相學習成長，讓他十分懷念。

調度管理決定組織強弱

前中山大學副校長周逸衡，是政大企研所博士班第三屆畢業生，碩士班也是念政大企研所。當年念台大機械系的他，原本一心想往工業工程邁進，尤其民國六〇年代，很多人都以為念工程才是救國之路，沒想到當兵時竟然改變了他的想法。

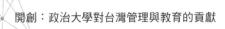

當時他考上的預官是飛機修護官，他以為是要去修飛機，沒想到是負責調度飛機進入哪一個棚廠維修，當時他的主管跟他說，調度飛機比修理飛機更重要，因為要決定哪一架飛機需要修理，哪一架需要打仗或是隨時待命，調度得宜能決定空軍的強弱。他才領悟到，原來管理比技術更高一階。

一九七四年，他進入政大企研所念碩士班時，發現班上三分之二都是工學院畢業的學生，管理學院老師上課方式讓他這個來自工學院的學生非常震撼；例如許士軍老師，上課從頭講到尾，完全不用書本，舉了很多他沒聽過的例子，聽完還要懂得表達，以及問問題。

他說，工學院要盡量吸收別人知識與比較知識差異，但是管理是提供不同觀點，還要提出觀點，完全不同的思維。當時政大企研所碩士班畢業生很受企業歡迎，畢業前，所裡把學生簡單資料寫在一

個小冊子寄給企業界參考，不到一週，每個人就收到三、四個面談機會，九成學生畢業後都到企業服務，而且都是從主管開始做起。

　　碩士班畢業後，他就到南部一家三百大企業的機械廠擔任管理部副理，薪水很高，但內部鬥爭厲害，他決定改走學術路線，考取政大企研所博士班。當時他念博士班第三屆時，班上只有五位同學，國外回來的管理博士都在政大教書，包括許士軍、司徒達賢、黃俊英、陳定國、高孔廉，把國外最新的企管知識帶回來教學生，訓練學生多元思維及培養運用能力，給他很大的啟發。他指出，尤其是司徒達賢教過的學生，系統性思維都非常強，後來他進入學界服務，也是善用這種系統整合方式，完成許多校務工作。

　　當時台灣管理教育才剛起步，政大企研所博士班學生尚未畢業，很多學校要設企研所，紛紛來邀

請去擔任教職。他剛進入學界服務時，因為有企管
博士學位又有實務經驗，立刻就被交付幫學校建立
管理觀念、擬定策略規劃，將博士班所學的都應用
到學校管理上。後來他被教育部聘請擔任科技顧
問，不僅幫高等教育訂立管理政策；當時很多學校
都要成立管理學院，他也協助建立審查制度。

他歸功於念政大企研所博士班時，老師們致力
於培養學生的規劃與思維能力，每堂課都是先分析
再規劃，做完再檢討，受到這種訓練的學生，畢業
後就不會人云亦云，而是凡事先分析再做決定。

企管知識也適用於校務管理

而曾任中央大學擔任企管系教授的林明杰，當
年更是鐵了心要報考政大企研所。台北工專電工系
畢業的他，二十四歲就開始創業，一九七〇年代台
灣電子業非常發達，他的事業做得很成功，唯有一

個遺憾就是膝下無子，他對妻子說：「我們沒有小孩，至少可以去教別人的小孩，」於是決定考研究所，走學術路線。

當時正好教育部開放專科學歷可以考研究所，本來他打算考電子研究所，有一次路過政大公企中心，聽說裡面有專門訓練總經理的研究所，他以借廁所名義進去參觀，覺得裡面像觀光飯店一樣，連廁所都管理得乾淨整潔，加上政大企管碩士班招生歡迎工科畢業生報考，他就決定改念企研所。

第一年他沒考上，因為國文要翻譯文言文與寫作文，這是他的弱項，第二年他還要報考，妻子問他為什麼，他回答，他在準備考試的念書過程，愈念愈有興趣，看了書才發現以前做生意的道理，書上早已經有答案。

為了考上政大企研所，他找到政大中文系研究

所的學生來當他的家教，每週寫一篇作文與翻譯一篇文言文，第三年終於考上。從一個公司大老闆到進入研究所念企管碩士，林明杰的感想是，他邊讀這些企業理論，邊回想自己過去的管理經驗，經常深有所得；讓他印象深刻的是，當時企研所有一門課「企業診斷」，不但不必繳學分費，還提供費用，由林英峰老師帶領大家到企業去發現問題，再提出解決方案。

第一次期中考，本來他認為自己管工廠經驗豐富，一定考高分，沒想到只考了四十幾分，他告訴同仁，從明天開始，老闆不上班，要專心念書去，公事上的問題寫下來給他，他晚上再看；他對同仁說：「你們處理的我都同意，我不希望兩年後無法畢業；除非重大問題，不然由你們來決定。」

念碩士班，林明杰學到的是分工合作，因為很多作業需要同學彼此分工才能完成，如何分工下

去，再透過合作讓彼此都了解對方正在進行的事情，這對永遠都做不完工作的經理人是很好的訓練。碩士畢業後，他又考上政大企研所博士班，博士班對他最重要的訓練，就是如何很快將一本書消化完畢並抓到重點。他記得畢業後有一年，他在銘傳大學兼課，校長有一個近四百頁的專案請他過目再提出意見，他當場用十幾分鐘閱讀完畢，很快就提出重點討論，這都是博士班的訓練。

當時博士班在金華街的公企中心上課，公企中心除了有企管研究所外，還有提供給外界學習的企經班，他們這些博士生也常去教課，因此與外界人士有更多的互動，這種歷練，只有政大企研所博士班才有，更讓他覺得彌足珍貴。

林明杰後來擔任中央大學企管系教職，經常有企管系學生說，念企管系沒有專業，他立刻反駁，管理學就是專業。他以自己為例，專科念工程時，

念書過程很痛苦，因為很難，但是踏入社會後，書本寫的都可以應用在工作上，這是知難行易；但是念了企管研究所後，書本上寫的每個字都懂，但是工作後卻不知道該應用哪一個管理知識，這是知易行難，所以學好管理知識就更為重要，將來才知道如何應用。

事實上，早年有不少台大工學院畢業生如果不選擇出國念書，就會選擇到政大企研所念管理，空中大學校長陳松柏就是其中一位。

他表示，台大化工系當年很多畢業生去美國留學，他想待在國內，聽說念政大企研所出來薪水很高，五到十年就可以當上總經理；尤其一九八〇年代，台灣經濟發展起飛，企業開始需要具備管理知識的經理人來協助管理與訂立策略，當時政大企研所碩士學生還未畢業，很多企業就開始邀請他們去上班，每個人手上至少有四到五個工作機會，不僅

保證高薪，且一進去就是擔任管理職。

　　碩士班畢業後，他進入企業工作，也是從課長級開始做起，四十歲以後決定轉入教職，考上政大企研所博士班，當時考試的人達八十多位，才錄取八位，可見競爭之激烈。畢業後，正逢國內商管教育起飛，各校都準備設立商學院，政大企研所博士班因此為各校培育許多人才；他舉例，班上八位同學，如今全部都進入學界，後來都相繼擔任過院長或是校長。

　　陳松柏表示，雖然他棄商改擔任教職，但其實學校跟企業一樣，都需要管理，原理一樣，只是管理的對象不同；他將過去在政大所學的策略管理、個案分析、組織管理、行銷企劃等知識，全部用在空中大學的校務治理上，幫助很大。他還記得念碩士班時，司徒老師教策略管理，個案討論時，經常討論環境如何影響策略，而環境又是動態的，所以

在問題分析與解決上，都必須順應環境來調整。

他指出，這幾年他在擔任空中大學校長，當國內一些學校因為少子化而停止招生，空大學生人數反而每年成長百分之五十，這正是因為他能不斷隨著環境變化去調整教學內容所致。

良好企管基礎，日後授課游刃有餘

陳松柏念博士班的同學曾紀幸，目前擔任屏東大學學術副校長，對於在政大企研所學習的管理知識，如何導入校務治理也非常有感。

政大企研所博士班畢業後，她南下到屏東商業技術學院任教，在她擔任副校長期間，正好學校要與外校整併，校內雜音四起，除了不知道如何整併，害怕整併後帶來改變，也不知道該與哪一校整併。校長請她處理這件事，她組成九人工作小組，

在校內辦公投。從公投前，舉辦數場說明會，為大
家解釋併校方案與利弊得失；公投當天，安排動
線、維持秩序等；過程中，從對併校的分析到動員
組織舉辦公投，不僅投票率高，最後也獲得圓滿結
果，她很感激當年在博士班受到的訓練。

她表示，當年她念政大企研所碩士班學到的是
分析與彙整，進入博士班後學到的是創造力，因為
師生互動強，從研究問題到構思如何解決，獲得很
多啟發。

屏東商業技術學院後來與屏東教育大學合併為
屏東大學，她不僅創辦管理學院，成為首屆管理院
長，在主導學院發展上，有很多創新做法，其中，
她將司徒老師的個案教學也帶入屏東大學，設立大
型個案研討教室，四面牆都設立白板，方便學生討
論，透過個案教學，引導學生。她說，政大的兩大
特色，個案教學與思辨的訓練，對她日後教職影響

極大，讓她無論碰到新的教學挑戰，都能夠透過這些方法而勝任。

一九九〇年，自美國康乃爾大學及柏克萊大學研究所念完工業工程碩士的林麗娟，如今是義守大學副校長，當年她原本想再度留美念MBA，後來聽說政大企研所博士班很不錯，決定留在國內。

她回憶，當時政大企研所博士班設在金華街的公企中心，雖然校園不大，但是在學習交流上是一個相當好的場域，這是因為當時包括企研所碩士班、博士班以及企家班都在此上課，等於是老中青學生都齊聚校園學習，加上有時會共同選修一門課，因此建立跨世代的情誼。

當時博士班學生被要求必須白天待在研究室，一人一個座位，讓大家專心讀書，在這個被博士班學生稱之為「鴿子籠」的研究室裡，大家在緊湊的

課程中閱讀司徒老師要求閱讀的經典，彼此分工合作，成為最難忘的回憶。林麗娟大學與碩士並非企管背景出身，進入博士班之後，規定要先通過鑑定考，考基本企管知識，如果沒考過就要去碩士班選修相關課程，她認為這樣的設計很好；尤其，她在博士班主修的是策略管理，後來投入教職，幾乎什麼課都可以教，從財務管理、人力資源、組織行為及行銷管理都能上手，這都歸功於當年念政大企研所博士班的訓練，規定學生必須了解企管各方面的基本知識。

至今，她仍感念當年在博士班接受司徒老師的訓練，她表示，傳統授課是單向傳授，但是司徒老師是帶著學生一起經歷學習過程；她說，司徒老師教課不是教 what，而是教導大家如何應用管理知識，如何發現問題，如何應用學界建立起來的觀念去解決現在遇到的問題；換言之，學生被訓練的能力不是知道 what，而是要知道 why。

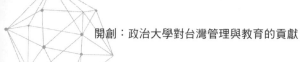

正因為經歷如此獨特的學習體驗，加上司徒老師對閱讀經典的訓練，讓她後來就算面對厚厚一大疊的計畫書，都可以在半小時內把重點畫出來。更影響到日後她教課時，從來不會在台上自問自答，一定會先找問題讓學生去想，再慢慢引導。

在如今網路普及時代，任何知識都可以透過網路取得，甚至提供免費課程，老師的價值在哪裡？林麗娟說，其實三十年前，司徒老師就已經示範老師的價值，在於訓練學生深度思考與批判思考；這種邏輯思考能力的培養，無論是對她個人教學或是擔任主管後協助安排課程，甚至思考學校未來的轉型，都受益匪淺。

自己的研究室

政大企管系教授彭朱如老師也對當年念政大企研所博士班時，公企中心為博士班學生提供的研究

室印象非常深刻。她回憶，當年大家都關在這間號稱「鴿子籠」的研究室，牆上有白板讓學生可以討論，一旁的小桌子，有同學從家裡帶來請大家吃的八寶粥，由於課業緊湊，幾乎中、晚餐都跟同學一起吃，建立了深厚的感情。

也因此，當她以一個校友的身分，重返政大擔任教職，後來接手企管系系主任一職時，她立刻在政大商學院大樓裡找了一個空間當作博士班的研究室；彭朱如指出，她覺得博士班的學生後來因為從公企中心搬回校本部，少了專屬的研究室很可惜；因為大家上完課就各自離開，少有互相切磋學習機會，所以她仿效當年司徒達賢的方式，設立兩間博士班專屬研究室，裡面也擺放茶几與沙發，完成後，她特地帶司徒老師參觀，說：「因為你以前就是給我們這樣的空間，」司徒老師高興的說：「做得很好。」

　　她至今都還記得當年上司徒老師的課，許多長篇的經典學術文章與名著，必須靠同學之間以打群架的方式完成，多虧有這樣的「鴿子籠」，念書時的喜怒哀樂可以有同儕一起分享，成為日後最難忘的回憶。除了司徒老師，當時于卓民老師剛回國教書，她的印象也很深刻，第一天就把企管各理論系統為大家整理一遍，非常厲害。

　　彭朱如表示，司徒老師的影響力很大，他所教授的企家班學生中，有一群企業家共同出資做投資，將每年獲得的盈餘捐給學校，視學校的需求提供經費；她在擔任系主任期間，想要為學生開設多一點產業相關的實務課程，就是靠這筆捐款挹注。

　　「我是博士班校友回到系上教書，又是司徒老師的學生，覺得有使命，應該將過去老師重視的東西傳承下去；司徒老師當年教授的策略矩陣，這二十年來我都在教，」彭朱如說。

第五章

開花結果

總裁們在企家班的日子與知能成長

政大企家班之所以聲名遠播，歷經四十年而不衰，除了課程實用外，更切中學生需求。「千萬不能低估企業家或是經理人想要成長的心，他們的動機是因為工作上遇到瓶頸，公司想要打國際盃，或是想做垂直整合，他們都是帶著問題來的，」政大企管系教授別蓮蒂有感而發的說。

　　台灣的管理教育，自一九六〇年代，密西根大學與政大合作，創辦國內第一間企業管理學系及研究所，開啟現代管理教育先河後，一九七〇年到二〇〇〇年間，管理教育開始蓬勃發展，其中，一九八一年成立的「企業家管理發展進修班」更成為政大企研所的金字招牌。

　　一九八一年，在政大企研所第三任所長劉水深奔走遊說教育部長達一年後，國內第一個以企業家為招生對象的碩士學分班終於開辦。

　　做為政大企家班的創辦者、政大企研所第三任所長劉水深說：「我覺得對企家班最有貢獻的是司徒達賢。」

　　他指出，企家班從第一屆開始到現在，司徒達賢所開的課程都是重要的必修課，而且從一開始就採個案教學的方式上課，透過與學生互動，將管理

知識潛移默化；「如果沒有經過這些討論，常常就只有記憶而已，沒辦法融入學生的知識架構。」

政大企研所第二任所長許士軍指出，台灣的個案教學是司徒達賢開始的。換言之，雖然第一任所長楊必立是最早將哈佛個案引進國內，但是打破傳統單向授課方式，以「互動式個案教學」的討論方式上課，司徒達賢是第一位；所以，政大前校長吳思華說：「司徒老師算是把哈佛個案正統引進台灣的人。」

四十一年來，企家班每年只招收一屆，從第一屆招收僅二十位，到如今增加到四十位名額，多年來，沒有學位，只有學分的政大企家班，從不打廣告，也不做任何宣傳，更從不請外國機構評等來黃袍加身，為什麼竟能成為華人世界最有口碑的「天下第一班」，企業家及高階經理人無不以讀過企家班為榮？談到學習過程，大家都眉飛色舞，津津樂

道話當年；它又是如何一步一步走到今天，擁有
「華人世界第一總裁班」的美譽？

助本土企業打國際盃

二〇一八年，企家班總導師司徒達賢在榮退典
禮的演講，表示「我更要感謝的是機運，我生在台
灣經濟起飛的年代、一個重視企管專業領域的年
代，」這是因為經過一九六〇年，現代管理教育在
台灣從啟蒙到師資及管理人才的培養；一九七〇年
代末期，企業面臨轉型及擴張，迫切需要管理升
級，開始重視管理人才；於此同時，也是政大積極
網羅留美企管博士返台任教，名師薈萃的時代。

尤其，相較於二〇〇〇年以後，各大專院校為
企業開辦的各種在職專班，多如過江之鯽，一九八
〇年代，以科技為導向的台灣，無論是機械、電子、
資訊及電機等產業，正走向產業結構轉型階段；企

業經營者無法再固守過去經營模式，開始在經營管理上碰到瓶頸；然而，當時國內研究所還是以培養菁英教育為主，這些經營管理者只能到處聽相關演講，或是自行摸索，無法有一個系統性的學習管道。

這正是劉水深之所以焦慮，急著開辦企家班的原因，他認為，台灣產業若要升級，要靠著培養一群沒有工作經驗的研究生，就算學了企管知識，進入社會後，還得先從基層開始往上一步步爬，爬到管理位置，才能改變產業現狀，這樣的等待太慢，還不如從源頭開始，直接培養企業家的管理知識。也因此，政大企家班的開辦，對於一九八○年代以後，企業正面臨轉型、準備到海外設廠、面對世界競爭對手的企業經營者而言，無疑是一場及時雨。

「企家班一直辦到第十八屆，別的學校才開始辦EMBA，這十八年間，我們對企家班是同樣嚴格要求，大家才有收穫，」司徒達賢說。

　　從一九八一年到二〇〇〇年間，將近二十年的時間，政大企家班如何傳遞知識與引導，在網路尚未普及的年代，由當時年輕學者自國外學成，帶回最新的企管觀念，讓正處於產業風起雲湧的企業經營管理者，能夠藉由重返校園，獲得最新的管理知識；他們又是如何將這些知識轉化成他們的管理動力，成就後來的豐功偉業？

　　有一點很重要的是，政大企家班之所以聲名遠播，歷經四十年而不衰，除了課程實用外，更切中學生需求。

　　「千萬不能低估企業家或是經理人想要成長的心，他們很多動機是因為工作上遇到瓶頸，公司想要打國際盃或是想做垂直整合，他們都是帶著問題來的，」政大企管系教授別蓮蒂有感而發的說。

李成家：愈忙，愈要念書

「政大企家班，等於是台灣EMBA前身，」一九八一年，報名就讀企家班第一屆學員的美吾華集團董事長李成家說。

李成家來自屏東東港，高雄醫學院藥學系畢業後就進入美商台灣必治妥施貴寶（Bristol-Myers Squibb Taiwan）擔任北區業務代表。他在外商公司從一個基層業務代表，三年時間升到總經理。一九七六年，年僅二十八歲的他，決定創業。

「我希望當老闆，自主性高，」今年七十三歲的李成家，回想當年創業的環境說，當年大環境苦，想要出人頭地，突破現狀，只有創業一途。一九七〇年代後半期，各產業開始蓬勃發展，創業者面對的是競爭激烈的年代，想要在同行之間爭出頭，李成家深知管理的重要性。

「我在外商做過事，我知道管理的重要性，」李成家回憶當時身邊很多創業的人，都認為把生意做好就好，不需要管理，但他在外商公司上過管理課程，也看過外商對管理的重視，深知系統化的管理知識，可以把握當下與看到未來。於是，他想到學校念理論來印證，再來提升實務。

他搜尋了企管研究所的報名資訊，但想到需要筆試，立刻打退堂鼓，像他們在社會打拚的人，如何考得過年輕學生？

也有企業界的人不理解他為什麼一直找進修機會，問他：「你這麼忙，還去念書？」李成家的想法則是，正因為很忙，所以才要去念書；如果不忙，也不必念書了。我們是為了需要去念的，為了升級自己。李成家對自我的要求很高。

李成家至今都非常感謝劉水深開辦政大企家

班，讓他不必筆試，通過甄試就能進入企家班就讀。即使沒有學位，只有學分，但是課程比照國外EMBA，提供先進的企管知識，對他有很大幫助。

當時，企家班第一屆學生錄取二十位，幾乎都是董事長，而且都是青年創業，那時李成家才三十三歲，班上同學一半以上，年紀都比他還大。當時企家班在金華街的公企中心上課，李成家回憶自己剛踏入教室時，其實心裡是有點疑惑的；因為這是國內有史以來，第一次針對企業家開班授課，不僅對這群企業家們是一件新鮮的事，對於授課老師，也是前所未有的經驗，要如何教導這群企業經營者學管理？

大老闆當起學生，與年輕教授相互激盪

李成家回憶，當時開辦企家班的劉水深，因為擔任企研所所長，行政責任重，只教「行銷管理」

一學期而已；反而是司徒達賢所教授的「組織理論與管理」以及「企業政策」，都是研究所主要的必修科目，「企家班等於都是他在帶。」

如今在企業界桃李滿天下的司徒達賢，從企家班第一屆就開始任教，李成家說：「當年司徒老師也沒教過在職班，也不知道該如何跟我們互動，我們都是實務經驗，他是教理論的。」

司徒老師跟李成家同年，當年不過三十三歲，面對台下一半以上年紀都比他大的學生，而且都是掛著董事長、總經理頭銜，他在開學第一天就開宗明義把彼此的角色講清楚：「從今天開始，我是老師，你們是學生。」司徒老師的用意很清楚，就是告訴大家：不管你是什麼背景，從現在開始，我是老師，你是學生。

雖然如此，師生在稱謂上，也經歷一段混亂

期。「剛開始，他是喊我們的名字，例如，某某某，你來講。後來他不好意思，又改口叫大家楊董事長、李總經理。但是這樣叫也很奇怪，後來又改成楊公、李公，我們笑都笑死了，」李成家大笑說。

不只台上老師不習慣，台下的大老闆們也不習慣。因為大家平常在公司是董事長，開會時，都是下面的人先講，老闆最後講，要謀定而後動嘛！但是上課卻要一直發言表達意見，每個人都倍感壓力和緊張。

經營者今天的問題，明日教科書的教材

還有一件讓大老闆們緊張的事，當時發下來的個案教材很多都是英文，而且一個個案就長達二、三十頁，他們都看不懂；但是司徒達賢的個案教學非常嚴格，必須要先仔細閱讀才能上課討論。李成家表示，司徒老師把企家班學生當成正規班來授

課，大家壓力大到不行，平常忙著做生意也沒時間念英文，那時企家班的課都是白天上課，有些課是與企研所碩士班學生一起上，他們就花錢請學生幫忙翻譯，不然怎麼看得懂。

雖然如此，大家卻沒有打退堂鼓。「我們這一代人，自己創業，什麼苦，什麼逆境都碰過，都會適應的，」更何況，大家都覺得收穫很多，從老師身上學到管理理論，再來檢查事業的規劃與執行。

「經營者今天碰到的問題，就是未來教科書上的東西，」李成家認為，大環境永遠在變動，而教科書是過去的東西，企家班的成立，讓這群在社會上有實務的企業家進入學術殿堂，師生彼此互相激盪；經營者從實務出發，分享他們在管理上的課題，讓教學者可以驗證理論並增補新的理論，是良好的循環。

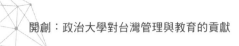

創業至今已經四十五年，李成家除了公司經營上，專心致志、量力而為外，也活用在企家班學到的管理知識，從不停止進修學習。

林信義：知道不足，才能補強

很多人不知道，其實早年，時任中華汽車副總經理，後來擔任經濟部長及行政院副院長，現為裕隆集團最高顧問的林信義，也曾經念過政大企家班；不僅如此，他在念完企家班之後，每年都送中華汽車高階經理人到企家班就讀，甚至送到後來，已經沒有人可以報名，因為所有的高階經理人都讀過企家班，由此可見，林信義對企家班的肯定。為什麼他認為，已經擁有豐富管理經驗的經理人，都應該再去政大企家班磨練？

以他個人動機而言，當年他以中華汽車副總經理身分，進入企家班第七屆就讀，其實是為了驗證

自己過去在實務管理經驗上，哪些管理方式符合企管理論，值得進一步更好，哪些管理方向需要再加強，或是去蕪存菁。

土法煉鋼的管理方式

走進裕隆集團九樓林信義的辦公室，只見偌大辦公室的一角，桌案上琳琅滿目擺放著各式各樣的汽車模型，林信義隨手指著其中一個汽車模型說：「這是當年裕隆汽車在大陸設計的一款車子。」他能如數家珍說出每個模型背後的一段故事，也能詳述每個模型外觀，指出車款設計的獨特之處。

有「台灣艾科卡（Lee Iacocca，美國汽車界傳奇人物、前福特汽車與克萊斯勒汽車公司總裁）」之稱的林信義，出身台南，成大機械系畢業後，對家裡木材生意沒興趣，投入汽車製造業工作。「我喜歡畫圖，車輛是我的興趣，我一生都在做車輛，」

林信義攤開手掌，每根手指頭的指甲都剪得極短，幾乎要到肉裡面；他笑說：「我的指甲永遠是短的，因為以前每天雙手都是黑的，還要用迴紋針去摳指甲裡面的髒污，所以習慣剪得很短。我的小孩以前最怕我幫他們剪指甲，因為很痛。」

他大學畢業後，在一家汽車製造商做零組件，從現場黑手開始，做活塞、設計機器加工，讓產能提高，做到後來，南部做活塞機器，都是他當初設計的圖。一九七四年，林信義加入剛成立的中華汽車，當時中華汽車雖然是國內第一家商用卡車公司，但草創時期，工作環境惡劣，產能低，連員工都無法正常領薪，「我幫他們驗收空壓器，還躲在一旁怕爆炸，」林信義回想當時公司的情況，仍記憶猶新。

為了讓公司生存，就會產生智慧，很多管理方式靠土法煉鋼。例如，他後來擔任採購部副理，負

責開發零件，當時中華汽車的零件自製率只有百分之二十幾，為了提高到百分之五十，他把很多做摩托車零件廠商都找進來做汽車零件，幫助他們與日本談技術合作，連吵架都是他去幫忙和解，台南大億、東陽都是他帶出來的；他的管理方式就是共贏，讓大家都活得更好。

雖然不是商科出身，但很早有經營頭腦的他，公司採購發包時，他就拿計算機在旁邊審核每一項成本的合理性；他也訓練每一個工程師都要會算成本，先送去上課學習兩個月，回來就問工程師「模具材料是什麼？怎麼加工？」不行再回去上課，每個人都是被送回去兩到三次，回來就算不是高手也都懂了。「我們學理工出身的，做設計、製造，想的都是數字，慢慢就變成管理了，」但他也知道這一套都是土法煉鋼，感覺似乎還有些不夠。

管理，都是人性問題

一九七九年，他被裕隆集團創辦人嚴慶齡拔擢升任中華汽車楊梅廠廠長時，才三十三歲，在當時黑道橫行的楊梅廠員工眼中，不過是一個什麼都不懂的大學畢業生。

那時中華汽車一年產能才一萬零三百台車，一個月只賣出兩部大卡車，林信義到經銷商跟貨運老闆談生意，對方指著桌上一大杯玻璃杯說：「你喝一杯紹興我就買一台，」結果他足足喝下十六大杯，中間跑到廁所把喉嚨裡的酒挖出來再繼續喝。林信義拿到十六台訂單，心中暗想，至少可以再撐半年。

因為年輕氣盛，加上學過柔道、拳擊，他接任楊梅廠廠長管理職時，穿著球鞋成日巡廠，繼續土法煉鋼管理。才下午三點多，生產線上已經沒人在工作，全部蹲在外面抽菸，他叫員工回來上班，但

是很多員工都是道上兄弟，直接走到他面前要跟他打架，「我把眼鏡拿下來，他揮兩拳沒揮到，我一腳出去他就倒了，我就說：『進來工作。』」這個跟他打架的員工，幾天後又沒來上班，他才知道原來他父親過世，沒有錢買棺木，便馬上拿錢給他，林信義就是這樣帶員工的。

當時管理有多凶險？「曾經有二十幾個紋身的兄弟，群聚在這裡，我開車時，車上都會帶防身工具，他們還跑到我家裡來威脅過，」除了員工懶散，盜竊也盛行，他親眼看過，員工偷偷把公司的輪胎滾到圍牆邊，再丟出牆外。

他一方面身體力行，永遠在現場與大家並肩工作，他甚至叫得出工廠四百多名員工每一個人的名字，記得他們的家庭背景；另一方面開始建立制度，希望提高工作產能。他設計一套獎金制度，第一，只要達成績效，再上去就有一筆獎金，但人愈

231

多分愈少；第二，這筆獎金會扣掉兩件事，一是扣掉零件被偷掉的錢，一是加班的錢，剩下的就大家分。結果，本來員工白天故意不上班，晚上才開始加班以賺取加班費，後來都趕在白天上班，免得晚上加班會被扣獎金；至於偷零件，大家心知肚明是誰偷的，彼此監視，免得損失獎金。

「管理，很多都是人性問題，」這是他自我摸索出來的道理，這個獎酬制度一實施，短短一年，員工人數從六百五十人降為五百人，因為大家都不願意增加人來分掉獎金，產能卻從一年一萬輛車變成近兩萬輛車，員工薪水更增加將近一倍。

管理是管異常，不是管正常

在外人眼裡，他的管理帶人又帶心，相當成功，他的職務也一路高升，但他覺得自己不足。台灣在進入一九八〇年代以後，政府積極發展機械及

電子、資訊等相關產業，一九八五年以後，台灣更成為世界第十一位出口大國，居亞洲四小龍之首，在這樣的大環境下，許士軍在《轉型中的我國大學和管理教育》一書中指出：「純憑個人勤勞及經驗已無法有效經營企業，使得業者逐漸體會管理的功能與作用。」

林信義一直認為自己過去管理上的成功，是土法煉鋼出來的。他三十三歲就擔任廠長，之後一路擔任管理職。四十一歲那一年，已經擔任中華汽車副總經理的他，決定報名政大企家班，用管理理論來印證過去實務。

他回憶早期在企家班上課情形，剛接觸到各種管理課程時，對於學理工的他非常陌生，「資產負債表看不懂，資產是什麼排序我都不知道，」當時班上二十幾位同學，來自不同行業，有老闆，也有專業經理人，每次個案教學，其他同學分享自己行

業遭受什麼問題時，他都會仔細聆聽別人怎麼解決問題。

　　他強調管理這件事，不只是管人，還必須因應時勢；尤其機械與理工相關行業很硬，接觸的都是數字、實驗，想要管理、管心，更要接受一些檢視，去看看其他行業的人如何管理，再回來自己做調整。

　　「司徒老師的思維非常棒，」他至今對司徒達賢常講的話仍琅琅上口，「他常說：『管理是管異常，不是管正常。』」這句話對他十分受用，後來他開會，看到員工做一堆資料，他都會說：「只要報告異常，正常的我在開會前就已經看好了。」

　　對外演講時，他也常常引申這句話告訴大家，管理就是鋪鐵軌，把軌道鋪好就好，讓火車在上面走，就要給動力，用推是推不動的。當火車在上面走時，要管的是它的異常；轉彎時候，東西會不會

掉下來？會不會相撞？這都是異常。如果正常，為什麼要管？

他又引述司徒達賢另一句話：「決策代表重點的選擇，沒有對錯，」這句話讓他深感認同，那麼多狀況又彼此衝突怎麼辦？總要選擇一個重點；不做決策，比做錯決策還要嚴重，因為管理者不敢做決策，就是讓所有的部隊在等。但他強調，做決策前他都會先沙盤推演好了再走，如果不對就轉彎，邊走邊修正，而不是停在原點想該怎麼辦。

企家班是為管理者健檢

企家班的課，從司徒達賢的個案教學到管理會計，都讓他覺得不虛此行，尤其是異業交流，讓他獲益良多。從此，他每年都推薦中華汽車的高階主管去念企家班，「幾乎總經理、協理都上過了，」他笑著說。

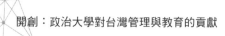

不只中華汽車主管，就連周邊的衛星工廠，他也都介紹他們去念；例如，信昌機械從第二代奚志雄到第三代，已經有七位念過企家班，都是他推薦去念的。林信義自己的大兒子也在二○二○年進入企家班就讀，在此之前，他的兒子已經擁有兩個碩士學位。

為什麼如此積極引薦身邊的親朋好友，以及事業夥伴去念企家班？林信義的回答是，「每個人念完之後，都覺得獲益匪淺，他們的視野完全開了。」不僅如此，中華汽車也開始進用 MBA 畢業的人才，擔任企劃、管理及行銷相關工作。「不過，不管是念理工還是念管理，都必須從現場開始做起，實際去體驗、感受焊接的熱度，」他說。

此外，他自己的收穫是，透過企家班老師的授課，他把自己過去的經驗套上理論架構，發現過去有些管理經驗是有脈絡可循，套上架構之後，格局

更廣，方向也看得更清楚。

　　他強調，中華汽車對人才的尊重，都是從企家班的老師學來的。例如，當年他聘用博士人才進來，允許他們邊工作邊兼課，只要把加班時間扣掉兼課時數即可，他的用意是，希望繼續跟學校保持連結，讓人才不斷進來；又或者，當年他鼓勵大家對公司管理提出建議，「看到什麼都可以提，想改公司管理制度也可以，」結果，兩千多名員工共提出了九萬多個提案。

　　林信義一九八七年開始讀企家班，一九九○年畢業後，從一九九一年到一九九九年，林信義擔任中華汽車總經理這段期間，是中華汽車的黃金期，從股票上市，到帶領中華汽車成為商用車霸主，市占率達二十六・九％；一九九四年推出本土自製轎車Lancer以後，市占率衝到二十九・八％，更拿下國產車總銷售量第一名。

　　「我非常感謝企家班的老師，中華汽車很多人去念之後，更能系統性的分析整理，等於是去做身體檢查，哪些是對的，還可以補強；哪些不足，該如何去做，」他說。

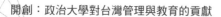 謝宏波：培訓高階主管最佳管道

　　除了中華汽車每年會送協理以上的主管進入企家班就讀，事實上，許多企業經營者進入企家班就讀後，發現企家班的課程對於培養視野、企業決策及管理知識上都有不少幫助，開始每年推薦自己公司的主管到企家班念書，包括太平洋建設、元大集團等；其中，早年宏碁集團可以說是最積極將高階經理人往企家班送的企業。

　　宏碁集團從企家班第三屆李焜耀進入就讀開始，包括宏碁集團共同創辦人黃少華、前任董事長王振堂、啟碁科技董事長謝宏波、前任明碁電通總

經理李錫華等人，都曾經先後進入企家班就讀。就讀企家班第九屆的謝宏波，班上同學還包括中美矽晶榮譽董事長盧明光與前中華汽車總經理蘇慶陽等人，他計算，如果以「泛宏碁」集團，包括宏碁、緯創、明碁、佳世達及友達等公司，至少有三十位以上，進入企家班就讀。

由於政大企家班有就讀資格限制，如果是中小型企業，必須是企業主或是二代；如果是大型企業，高階經理人必須是公司的前兩階才有資格就讀。企家班名聲響亮，許多企業家或是高階經理人報名數次，還不見得被錄取。

宏碁每年從集團千名員工中，選出一位經理人推薦去讀政大企家班，報名之激烈，就連王振堂也是在公司內部申請了兩三年，才得以如願。謝宏波與王振堂就讀同一屆企家班，是宏碁第一次推薦兩個人進去念，當時王振堂是以宏碁名義進去，而謝

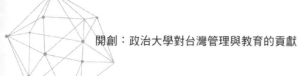

宏波是以明碁名義進去。

「就我知道，有些公司要派有潛力的員工進去就讀，就把職稱改為特助，」謝宏波笑說，因為特助這個職稱可大可小，很多二代都是掛董事長特助或是總經理特助，「我們那時進去時，還滿多特助的。」一九八一年進入宏碁服務的謝宏波，擔任過施振榮的特別助理，後來被派往美國宏碁分公司負責行銷業務；一九八八年，他被指派成立顯示器事業處時，才三十四歲，他至今記得當時他的上司跟他說：「有幾個候選人，我們決定用你，但你年輕，不確定你有多少經驗可以用得上，你是否會緊張？」他回答：「你把重責大任交給我，我覺得你比我更緊張；如果你都不緊張，我為什麼要緊張？」

幫助經營者制定策略

三十出頭就擔任管理職，雖然說初生之犢不畏

虎，尤其他從大學時代就喜歡閱讀企管相關書籍，對管理知識不陌生；過去擔任明碁桃園廠廠長時，也設立了一些制度與流程。但他認為自己才三十出頭，管理經驗有限，而且產業變化太快，只能抓住框架和原則，應對後面的變化。

謝宏波指出，每個人來念企家班理由不盡相同，但都是剛好在生涯發展上碰到一些轉折點。尤其是一九八〇年初到一九九五年，這十五年之間，是台灣電子業成長的動能與想要對外擴張，能量最強大的時候，這個時期的經營管理者，面臨的是如何讓公司走出去、繼續成長；或者是公司成長動能很好，開始面臨如何選擇、布局。當時他負責的顯示器事業處正在起步階段，他想驗證過去自己的產品策略究竟是自我感覺良好，還是在學理上有一套更好的邏輯思維可以參考？

策略，為什麼對謝宏波如此重要？或者，更進

一步問，為什麼一九八〇年到二〇〇〇年之間，政大企家班的出現，對於處於這個時期的台灣中小企業主及大型企業高階經理人，有著決定性的關鍵？「策略有時是教我們要做什麼，甚至提醒我們不要做什麼；有時，不做什麼，跟做什麼，一樣重要，」謝宏波的話意味深長。

　　他認為原因是，一九九五年以前，念企家班的學生，很多身分都是企業主本身，或是大型企業的副總級以上的高階經理人。一九九〇年代前後，台灣產業正在起飛，企業一方面成長，一方面管理制度還在成形中，需要制定策略性的管理制度，讓公司更穩健發展。企家班以一年招生二十位到後來增加到四十位名額來計算，二十屆共招收約三、四百位企業經營者，換言之，早期念企家班的學員，對於如何制定策略的需求，大於如何執行。也因此，他念企家班時，司徒達賢所教授的「企業政策」這門課，對這群管理者的幫助非常大。

訓練決策者聽說邏輯

「你問每一屆學生對哪一個老師印象深刻，百分之九十九‧九一定會提到司徒老師，如果沒有提到他，大概就是被他死當了，」謝宏波笑著說。司徒達賢用個案教學方式，帶領大家討論企業政策，帶給很多企業主震撼教育，無論是多大公司董事長，或是學生的年紀多大，都會有很多的衝擊、啟發與驗證。

司徒達賢透過授課不斷強調：「當一名決策者，聽，要聽清楚；講，要說明白；想，要想透澈。」記憶力及邏輯思考都過人的司徒達賢，不僅提供清楚的邏輯框架，讓管理者可以據此檢視自己在經營策略上還有哪些疏漏；另外，他經常在課堂上挑戰台下大老闆學生，你到底聽到什麼？經過推論和消化得到什麼結論？這個結論是這樣嗎？還有什麼要問清楚？

他的個案教學最刺激的地方就是，上一位學員回答了問題，他轉身就抽問下一位學員：「剛才那位同學講了什麼？幫大家摘要一下。」如果同學聽都聽不清楚，或是講也講不明白，那要如何在公司傳達策略，讓下面的人聽懂？司徒達賢不斷在課堂上讓經營管理者做「聽、說」的練習，有邏輯的講出自己的答案；對於大老闆而言，除了聽說之外，聆聽來自各產業管理者的想法，也有很大助益。

謝宏波認為讀企家班收穫最多的就是交了很多不同產業的同學，甚至，這份同窗情誼，畢業迄今三十多年，依舊常聚會，大家分享不同產業、不同角色的看法，讓他可以聽到不一樣的聲音。

管理知識潛移默化

除了司徒達賢的震撼教育外，他也覺得心理學大師吳靜吉老師的「管理心理學」非常受用。「吳

靜吉老師給我比較重要的是啟發，用更跨領域方式來看問題與思考方式，」謝宏波解釋，一般來說，就算沒念過管理科系，大家也會管理，差別只是在於做得好不好，以及不知道是否有違背管理原則。

有時候違背現在的管理原則，並不表示你錯了；因為有時管理原則告訴你願景比較重要，只要願景對了，什麼事情都對了；但後來又告訴你願景不重要，重要的是執行力。他進一步解釋，產業在不同週期，面臨不同情境時，就會有不一樣的管理重點。

吳靜吉的管理心理學課堂上，經常透過小遊戲讓大家了解，管理這件事看起來是直線，其實背後有許多軟性東西在支撐。換言之，管理不能只有硬性措施，而必須搭配軟性配套。

謝宏波坦言，上過企家班的管理者通常會經歷

兩個階段：初期時，學到什麼管理知識，就會迫不
及待跟大家分享；第二階段是潛移默化，不會一次
把書上理論都套進去，但是碰到選擇時，你會想起
以前老師教的，或是跟同學討論時，碰到類似狀況
會如何處理，已經內化變成腦海裡的資料庫。

王正一：為創業者指引方向

一九八〇年到一九九五年，不只台灣高科技產
業起飛，其他產業也隨著台灣經濟起飛，開始面臨
前所未有的新機會與成長。例如，一九九〇年入學
的第十屆政大企家班學生，包括桂冠實業創辦人王
正一、信義房屋創辦人周俊吉、合隆毛廠總裁陳焜
耀、倚天資訊創辦人林榴栓等人，正是在這樣的大
環境下，來到了管理的十字路口。

以老牌冷凍食品桂冠來說，從一九七〇年代創
業以來，做為當家老大的王正一帶領著三個弟弟，

一直戰戰兢兢深耕冷凍食品業。「我們是從小規模做起，一路成長，來到不同規模時，都有管理門檻要跨越，」桂冠實業創辦人王正一語重心長的說。

還未創業前，東吳大學外文系畢業的王正一在保力達擔任特販時，曾經全省走透透，上山下海做行銷，幾乎百分之八十的鄉鎮他都去過，到一個地方就要先預估業績，因此累積王正一的敏感度，一走進藥房就知道生意好不好。

創業初期，他靠著過去做業務的敏銳，從初期做魚餃、湯圓、水餃，在菜市場一攤攤販售，到後來逐漸研發出各種火鍋料及調理食品，成功進軍大賣場與超市等。然而，當桂冠從小公司開始成長到有些名氣時，也開始面臨同業的封殺、國外的上市公司要進來搶市場；尤其是擁有雄厚資本的國外大型企業，包括日本、澳洲品牌都躍躍欲試。

　　他記得當時國外一家五百大的公司要進來台灣
搶市場，他打電話問國際冷凍協會的朋友，該怎麼
辦？對方回答：「不要怕他們，你要蹲好啊！他會
轟炸你六個月，把預算炸完，大公司有大公司的節
奏。」意思是，只要承受六個月，被大軍壓境，打
亂價格，但因冷凍食品非對方本業，股票炒完之
後，就會淡出。

　　從這個例子可以看出，一九八〇年代以後，台
灣企業主面臨的競爭威脅，經常是過去前所未有的
經驗；當時他除了到處請教相關業者，詢問解決之
道，也經常到外面去聽管理講座，希望吸收更多管
理知識，讓企業走得更穩。

　　也正因為如此，有一天他的友人，當時在政大
第九屆企家班就讀的中華汽車前副總經理蘇慶陽，
打電話告訴王正一企家班很不錯，問他要不要來？
當天正好是報名最後一天，雖然他沒聽過企家班，

但只要有學習管道，他就毫不猶豫的報名。

終於有切磋討論的對象

「進企家班後，真的很精采！」他笑說，「第一年被嚇到，像我們從小做傳統企業，看到不同產業的同學能言善道，精通各種理論，都很佩服。」

沒有學位，只有學分的政大企家班，這群企業家們為了精進自己的管理知識，念書卻比誰都認真。他回憶，當年上司徒達賢的課，兩頁的教材，在上課前，小組就討論到深夜，還有人特地坐飛機趕回來討論。對於企業經營者而言，管理是一件寂寞的事，可以討論的對象不多；有時老闆跟老闆之間，或是跟公司底下的人也談不出東西來，因為彼此會隱藏。但在企家班，有的人身分是老闆，有的人是專業經理人，大家無所不談，也讓身為老闆的他，對專業經理人的思考與處境有更深入的了解。

　　他表示，平常在外面與競爭廠商聚會，大家談話都言不由衷，但是在企家班，來自不同產業的同學常常聊天時，有時迸出一句話就讓他覺得很受用。例如，有人會說：「你這個怎麼沒做？這個機會很好啊！」或是做簡報時，看到不同產業的同學分享他在事業上的創意與執行，提供很好的參考。

　　王正一也從同學身上，看到不同產業的辛苦。做傳統企業的，雖然無法像高科技產業成長快速，「我們心臟沒那麼好，穩定成長就好，睡一覺起來，明天也差不多；他們睡一覺起來，明天可能不一樣了，」不過，他認為，桂冠在食品業裡，知識算是滿廣的；資訊比人家快一點，趨勢比人家早一點知道，很早就導入科技，這是念企家班的收穫。

陪伴同儕度過低潮期

　　更讓王正一覺得可貴的是同學間的情誼，「在

政大企家班，每個人都建立很好的友情，這些人都是被挑選進來的，有不良嗜好的人比較不會出現在這裡，而且你可以談心，不會有人害你，想害你的人也沒辦法在這裡立足，所以很放心，」百年家族企業合隆毛廠總裁陳焜耀當年進入企家班念書，與王正一是同班同學，當時也是他接掌家族企業最艱困的時期。陳焜耀父親過世，家族分產，身為細姨之子的他，被分到債務累累的家族產業，龐大的債務壓得他喘不過氣來，幾乎無法度過這段困頓時期。後來他對外演講，常談到政大企家班帶給他莫大的幫助，無論是司徒達賢的鼓勵，或是來自王正一當時在一旁的協助與指點，讓他終身感激。

回顧這一段，王正一笑說，那時陳焜耀很埋怨被家族欺負，把倒閉的店給他，我跟他說：「你抱怨什麼？你是二房小孩，正統的招牌交給你，你還抱怨什麼？」這句話意在提醒他要專注本業，集中力量，把祖傳的鴨毛生意做起來。

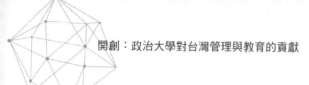

後來陳焜耀重振家業，有一段時間想要暫時休息不做了，王正一知道後，隔了幾天找他談話，「你現在休息的話，隔了幾年，大環境就不一樣了，你會沒辦法接上，你還是加減做好了。」陳焜耀把他的話聽進去，後來迎來國外大訂單，事業蒸蒸日上，做到世界級地位，所以他常跟底下主管分享，「當初如果沒有王學長，你們也沒辦法當主管。」

讀完企家班，繼續念EMBA

念企家班那一年，王正一四十九歲，班上同學平均年齡四十歲，但他不以自己年紀大為意，像海綿般拚命吸收；除了企家班的課外，還去旁聽其他課程。六十歲那一年，他又去念政大EMBA，成為班上年紀最大的學生。他坦言，其實念EMBA比較辛苦，是很扎實的念書，企家班比較天馬行空，適合企業主。

　　當時桂冠已經進軍中國大陸，他經常得出差去大陸視察，EMBA的報告又比較多。白天忙事業，晚上不但要跟報告奮戰，還要學習大陸的漢語輸入法，因為與台灣的發音不同，他得從翻閱當地的小學生字典開始學起。念EMBA對他來講，是彌補科技上的落差，他從不會發郵件，聽不懂什麼叫做「PDA（Personal Digital Assistant，個人數位助理）」，到後來對科技工具嫻熟，公司也因此導入ERP（Enterprise Resource Planning，企業資源規劃）；也因為跟一群年輕的同學相處，讓他對公司的年輕員工有比較深刻的了解。

　　他的兩個弟弟看他念企家班如此快樂，也相繼去念企家班。王正一跟他們說，最好每個人都隔一年再去念，這樣朋友圈會不一樣，我們的下一代去報名，也是如此。

　　企家班畢業以後，王正一與同學們至今依舊固

定每三個月聚會一次，每週一起打高爾夫球，他甚至在高爾夫球場旁買了一塊地，種蔬菜花果，企家班第十二屆校友、前台北一○一董事長宋文琪，也來跟他一起種田，他笑稱宋文琪是他的佃農。他所種的南瓜，年收成可以達兩百顆，收成後還可以大家一起分享。

年過八十歲，他感慨的說：「念企家班，人生是彩色的，不然退休到現在，誰理你啊！如果沒念企家班，大學同學聚會，大部分都不能動了，但現在我還可以跟小我一、二十歲的同學一起打球。」

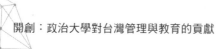 ## 周俊吉：雙向學習，增加多元思維

在王正一念的第十屆企家班上，有兩位同學被大家稱為「黑魔王」與「白魔王」，分別是合隆毛廠總裁陳焜耀與信義集團創辦人周俊吉。這是因為司徒達賢上個案教學時，會積極鼓勵大家針對個案

發表不同的看法，「周俊吉喜歡講很多事情都是正面善良的，陳焜耀覺得人性很多是壞的；一個喜歡把人性假設是正面，一個是負面，很有趣，不同角度，」司徒達賢至今仍印象深刻。

回顧當年上課情形，周俊吉微笑表示，司徒老師會故意觸發學生間不同意見的交流，如果大家都溫良恭儉讓，別人講的意見你都同意，就不會有火花。而周俊吉與陳焜耀兩個人，在當時是比較明顯的對照組。

政大公企中心一直對周俊吉有特別意義，早在一九八〇年代，他還未就讀政大企家班之前，學習管理知識的進修管道，就是在政大公企中心為當時業界經理人所開辦的各種在職進修班。二〇一二年，周俊吉以個人名義捐款六億元新台幣給政大，做為母校公企中心的躍升計畫基金，創下政大創校八十五年以來最大筆的捐款。直到二〇一七年，博

士班校友尹衍樑為政大興建圖書館，捐助新台幣十三億元，才打破紀錄。

一九八一年成立信義代書事務所，從創業之初就堅持將企業倫理帶進公司文化的周俊吉，創業多年，他始終相信人性是可以止於至善的。

現今，各大企業都開始強調公民責任、企業倫理，他表示，企業倫理本來就是他們經營核心；「大部分人想的是我創業可以得到什麼，很少想我創業可以幫別人什麼？我是先有倫理觀才有立業宗旨，」在他的想法裡，倫理就是人與人之間合宜的關係，對於企業來講，就是如何善待周遭環境。

從政大企經班到企家班

他開始創業的一九八〇年代，當時房屋市場大好，但買賣不透明，業者對購屋者常有矇騙行為，

消費者毫無保障可言；當時他才二十八歲，畢業後的工作經驗只有兩年，從來沒有管理經驗，也沒有賣過一棟房子，就開始創業。

雖然，他的創業宗旨一開始就很清楚，在那個年代，大部分人想的是股東和自己的權益，他卻清楚的寫下「以適當利潤維持企業之生存與發展」。但他自己也承認，憑著自己有一個想法，但這個想法要如何落實、實際管理，還是有差距。

為了增加管理知識，他除了大量閱讀外，也到處去上課，當時政大公企中心針對企業經理人開出各項課程；一九八二年，他在創業一年後，白天奔波事業，晚上就報名參加公企中心的「企業經理進修班」。

周俊吉回憶，當時政大公企中心的在職進修班「企經班」沒有學歷限制，也沒有學分，每個單元

課程至少要上半年到一年，他不但在企經班上課，
幾年後，更成為企經班的講師，負責教授不動產課
程。當時在企經班上課，老師的授課方式都是講課
本，同學單向學習，互動較少，針對的對象也不是
企業負責人，如果想要繼續進修更高階的管理知
識，企家班是一個不錯的選擇。但他覺得自己事業
營運規模還太小，隔了六年才報名企家班。

學習聆聽不同聲音和想法

　　一九九〇年，周俊吉進入企家班第十屆就讀，
當時他在房仲事業，已經率先採行「不賺價差」，
以及首創「不動產說明書」等領先同業的做法。他
說，還沒進企家班之前，很多管理知識都是靠大量
閱讀而來，資訊的接收是單向的；但進入企家班
後，學習是雙向的，除了繼續讀書，跟同學討論教
材外，司徒達賢的個案教學，開啟他的多元思維，
這對企業主來說非常重要。

他解釋，企業面對的是來自不同地方的同仁，對應的是不同想法的客人；當有多元思維，就能接受不同的意見，在內部經營與對外服務上，比較容易被接受。

他表示，政大的師資都很好，有時讀書讀不通，老師一講就通。讓他覺得尤其可貴的是，當時國內關於企管方面的外文書籍中譯本不多，等看到中譯本時，也已經隔了一段時間，不算新知；「像我們這種沒辦法閱讀英文的人，政大老師當時就帶回來很多國外新知與新觀念。」

幾乎上過司徒達賢個案教學課的企家班同學，對於司徒達賢常說的一句話都非常印象深刻：「就算你在公司是董事長或是總經理，經營了十幾年，工作愈久，聽力愈差，」周俊吉至今言猶在耳。

他坦言，多數老師上課方式就是他問、你答，

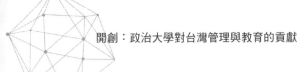

沒被點到名的同學怕被點到，會緊張的思考要如何回答問題，並沒有聽到正在回答同學的聲音；而司徒達賢為了幫助這群管理者練習聽的能力，在個案教學課堂上，被點到的同學如果急著分享自己的想法，他都會制止，而是反問對方，剛才那位同學說什麼。

「他的重點不是要問個案解決的方法，同一個個案在不同班級也有不同解決方法，他也不評論你的解方好不好，而是訓練你在領導上的傾聽力，你沒有快一點回應他的問題就會被問倒，所以必須迅速聆聽別人講的重點與回應，」周俊吉說，他是一個慢想的人，在公司開會，身為領導者不但要有耐心，聽得下去別人的意見，更要迅速在兩個小時的會議中做出結論，個案教學的上課情境，其實跟在公司開會很像，讓他學習很多。

他特別記得，當時班上同學無論是年紀或是產

業別，都差異很大，加上偶爾會跟碩士班的同學一
起上課，年紀又更小，都是大學剛畢業，對於聆聽
不同年齡層的人的想法，是一個很好的練習。

從管理教育開始強調企業倫理

相較於司徒達賢的課雖然開心但壓力很大，課
前要準備很多功課，另一個企家班學生經常提到的
老師，就是被尊為「台灣現代戲劇之父」的吳靜吉。
他在教學上有很多創意，透過遊戲方式，將管理觀
念潛移默化，讓周俊吉印象非常深刻，後來他也會
將這些學到的管理技巧，應用在增進公司各部門的
認識和關係。

四十年前，從企業倫理出發而創業的周俊吉，
非常堅信群我之間的倫理價值，他不僅在集團內設
倫理長，後來更推動政大商學院成立信義書院，支
持企業倫理的個案教學。

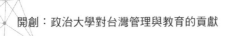

「我覺得政大商學院，若要以台灣最好的商學
院自詡，在課程上就要強調企業倫理；如果只強調
創新，可能會造成社會巨大的傷害。例如美國的金
融海嘯，就是因為沒有企業倫理的創新，所以造成
災害，」他認為，商業在創新過程中，如果造成別
人的災難，就是不符合倫理的創新。

「商學院都是聰明的學生，如果在學習過程中
學到企業倫理並認同它，就業時就會選擇比較符合
倫理的公司，當他在執行職責時就不會逾越分寸，
把公司帶到與社會共榮共存的地方，」周俊吉在談
到企業倫理時，是如此的堅信著。

奚志雄：家族企業的溝通橋梁

一九八一年成立的政大企家班，四十年來，不
僅培育一千多位企業經營管理者，也成為國內不少
企業家族的接班人訓練搖籃，這是因為想要進入政

大企家班就讀，除了申請之外，還有一個很重要的
管道，就是學長姊的推薦。

司徒達賢表示，企家班從來不曾請外國機構來
「評等」，也從未將任何外界機構的評等視為辦學績
效指標；企家班最重要的指標是，每年招收新生
時，歷屆校友所推薦申請人的水準與數量。

很多企業經營者進入企家班念書，因為覺得收
穫很大，又可以在這裡交到不同產業的朋友，紛紛
推薦親朋好友就讀。除了桂冠家族從兄弟到父女、
父子檔都先後來念企家班外；林信義父子、合隆毛
廠陳焜耀父子、信義房屋周俊吉父子、華國大飯店
總經理廖裕輝父子、元大集團馬志玲與馬維辰、研
揚科技董事長莊永順父子、志聖工業董事長梁茂生
父子、瑞昱半導體創辦人葉佳紋和他的子女等，
四十年來，光是父子檔就多達三、四十個家庭。

　　司徒達賢表示，企家班很多父子檔是因為兒子從小看爸爸念企家班念得很高興，跟同學相處也很愉快，期待有一天也來企家班就讀，這些企業家二代即使已經在國外拿到碩士學位，但仍然報名企家班；甚至，有的父執輩一起念企家班，二代也結伴成為同學。

　　另外也有夫妻檔先後報名的，如著名食品業光泉汪家。萊爾富便利商店董事長汪林祥，就讀企家班第八屆，他太太葉淑貞就讀第九屆，以及第二十六屆研訊科技董事長徐紳紘與二十九屆安勤科技董事長劉俐綺，都是夫妻先後來念，傳為美談。

　　除了父子檔、父女檔及夫妻檔外，兄弟姊妹檔也不少，例如，前開發金董事長陳敏薰、陳敏鷗姊妹檔、台南企業董事長楊青峰與楊媄媄兄妹檔，以及瑞昱半導體創辦人葉佳紋與葉博任兄弟檔等。

　　其中，位於桃園的汽車零組件大廠信昌機械，從二代到三代，共有七人就讀企家班，是國內企業最多人進入企家班就讀的家族。「我先去念，再叫奚志明（弟弟）去，他說他不需要，我跟他說，你一定有需要，你去看看。結果後來他念得比誰都熱衷，學校活動全都參加，還當上企家班『家長會』會長，」兄弟倆念完之後，他與弟弟各有兩個小孩，也都去念企家班，奚志雄的外甥看家族成員念企家班這麼快樂，自己也主動報名參加。

　　為什麼家族企業的成員如此熱衷讀企家班？這些年，逾九成的台灣中小型家族企業，陸續面臨接班傳承的問題；但往往家族溝通不良，造成接班不順利，也成為企業永續經營的一大隱憂；然而，兩代的鴻溝，是因為各有經營管理的想法，如何找出共同的溝通語彙？於此之時，政大企家班竟意外成為這些家族企業的溝通橋梁。

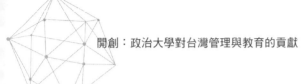

插上學習的翅膀，視野更為寬廣

奚志雄早年忙於事業，兩個小孩從小就送到國外念書，由於從小長於國外，返台後看不懂中文，就連溝通方式都差異很大，「他們覺得沒道理就直接說no，我們就會說考慮看看，」奚志雄擔憂將來孩子要如何接掌家族企業？奚志雄後來讓兩個兒子都去念企家班，沒想到他們很享受，原因是，在國外長大的他們，回台後想要認識更多人，而企家班是一個可以放心結交朋友的地方，還可以透過上課了解台灣經營者與高階經理人的想法。

一九六六年成立的信昌機械，第一代原本在裕隆集團擔任機械加工技術指導，後來出來創業，一路成長，成為台灣主要汽車零件製造商之一。由於信昌機械也是中華汽車的零件供應商，林信義擔任中華汽車總經理時，就跟信昌機械第二代奚志雄成為好友，林信義念完政大企家班第七屆後，不只推

薦中華汽車協理以上的主管去念，也積極向周邊零件廠商推薦企家班。

林信義是學理工的，很有想法，奚志雄在事業上有問題也會請教他，有一天林信義推薦他，去念這個企家班，很不錯。當時是一九九〇年代初期，信昌機械事業已經跨足中國大陸及印尼，奚志雄一年要出差四、五十次，事業發展得正好，為什麼還要回學校念書？

他至今記得林信義反問他：「你問一隻老虎『你很厲害，再給你一對翅膀要不要？』」林信義形容「如虎添翼」，雖然做得還可以，但是企家班能再給一對翅膀，那就是學習。

看見未來世代的需要

身為家中長子，很早就扛起家業的奚志雄，

一九八九年開始將事業版圖跨足中國大陸，從與當地政府關係到法律等問題，他才發現，自己在經營管理上有太多的未知。

「以前的人做很多東西，都是事前沒想清楚，但是都把事情做對了，那是環境，」他解釋，「以前不知道自己為什麼做對？是英明？還是運氣好？環境單純時可以，環境日趨複雜時就不行，」他認為，現在要做到及格都很難；當然現在有更多東西可以去做，不需要很大資本，但是你本身就要有很好的想法。

他強調，尤其汽車是一個很封閉的產業，汽車的零件必須可靠性高，汽車業業者才會採用這家零件廠商的產品，否則一部車從幾十萬到上百萬，採購的零件如果不好，造成車子損害，甚至有安全之虞，都是很大的損失。

　　這種封閉體系中產生的上下游關係，只要取得信任，就能維持穩定狀態；然而，汽車產業如今也必須面對外界的變化，例如電動車、自動駕駛等新車種問世。奚志雄表示，過去幾十年來做的東西其實是基礎，如果不能讓產品變成符合下一個世代所用的東西，就會結束。

　　這就是他要進去念書的原因。他說，未進企家班時，做生意是靠直覺來判斷，事後才發現這個策略是對的；但是如果事前就有策略，即使做到一半發現不對，至少知道該如何調整。

一般學校不會教的事

　　一九九四年進入政大企家班第十四屆就讀的奚志雄，正逢事業跨足兩岸，每週過著空中飛人的日子；週日飛出去談公事，週五上課前，急忙坐飛機趕回來。他回想當年念企家班時，如果出差在外，

白天為公事奔波一天，晚上趕緊睡覺休息，半夜三點再爬起來念書，連在飛機上也一直看書，因為上司徒老師的課，如果答不出來，他就會說：「你是什麼公司的？怎麼水準這麼差？」早期他是很嚴格的，他要求上課前要先研讀，如果沒準備，根本沒辦法上課。

他說：「司徒老師的啟發會讓學生很有感覺，依循他所說的，加上自己的印證，就會考慮得更周全。」

不只如此，企家班的互動教學方式也讓奚志雄覺得精采又過癮，例如，他記得班上有一位同學，將自家公司的資料拿到學校，讓大家看他們的經營方式，連財務報表都公開；司徒老師就出題目，讓來自不同產業的同學一起思考，如何擊敗這家公司。「對我來說很震撼！老師就是會想出這種題目啊！」他驚嘆的說。

　　除了司徒達賢的震撼教育外，另一個讓他印象深刻的老師是已經過世的陳隆麒教授。「他有一堂課，是從財務管理來看經營策略，哇！很精采，當時企家班有許多優秀的老師，一般學校沒辦法教這些，而且你聽不到別人的聲音，企家班最大的價值就是在這裡真正學到東西。」

求知同時增廣見聞

　　「那裡是一個可以教你很多知識的地方，也是一個讓你有很多朋友的地方。有很多人的兄弟姊妹及小孩後來也都去，最主要是學校氣氛、老師帶領、同學的相處，」奚志雄說。

　　當時班上三十位同學不管來自哪一個產業，也無論誰的企業大小，不知不覺都成為好朋友；從台北、新竹、台中到高雄，有人每次上課都千里迢迢坐飛機來，例如曾任明碁總經理的李錫華每週都出

國，上課就趕緊回來。其中有一位同學偶爾會缺席，因為他住台中，其他同學都會在課前幫他複習，就怕他被老師點到不會回答。

奚志雄回憶，企家班帶給他的不只是知識，還包括與同學互動學習而來的見識、困難時的互相幫助。早年他不懂什麼是投資，當時有同學在銀行上班，專門負責銀行投資，有實際經驗，就邀大家週六上午到他辦公室，專門講解投資，教大家如何投資比較安全。他弟弟奚志明那一班有一位證券公司總經理，大家甚至交班費去買股票，學習投資。

「我跟王正明（桂冠食品四兄弟之一，排行老四）是同學，他公司產品還沒上市前，會叫我們去看這東西可不可以賣？試吃不用錢；我們看他怎麼做市場調查、決定如何販賣，雖然不同行業，但教了我很多東西，讓我聯想、學習很多事情，」奚志雄說。

他的企業也受惠於企家班同學。有一次公司欠了十萬顆IC，供應鏈也買不到，弟弟奚志明就在他的企家班群組上貼文說他現在欠什麼東西、哪一家廠牌，才過了半天，就有人告訴他去找某個人，是這個產品亞洲總代理的副總經理，他可以查得到，後來那個人就拿了十幾萬顆IC給奚志明，他們才體會，這種人脈關係是何等豐富的資產。

但奚志雄強調，他們進企家班是為了求知，然後才有人脈。同學之間，彼此做生意比較少，而是不懂就問；如果有需要，可以找誰支援。如果跟汽車相關的，奚志雄也毫不吝嗇的分享、幫助同學。在汽車產業打拚多年的他，帶著感慨卻又期待的語氣說：「以後車子會有無限的想像空間。」

預備下一代接班傳承

奚志雄指出，現在汽車產業逐漸電子化，坐車

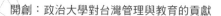

的概念也已經不一樣。以後車子不用馬達,改用電池;電池不用修理,只要夠便宜;換新引擎很難,換新電池卻很簡單,汽車工藝就是做消費者喜歡的外型。於此之故,汽車產業零件商也會跟著汰舊換新,當啟動汽車都是由軟體控制時,「唯一不變的是座艙,還是要有椅子,我們現在想的是,要如何定義智慧座椅?」

信昌機械很幸運的拋棄了動力系統,現在改做座艙。奚志雄表示,既然大趨勢已不可逆,現在就要開始研發;尤其,世代的轉換,正影響著汽車產業發展。他舉例自己的小兒子裝潢家裡,室內所有的一切都用聲控,他覺得很不可思議,「我們裝潢講究顏色,而年輕人連窗簾都要聲控,」意味著,他這一代做汽車產業的人,跟年輕一代已經想得不一樣了。

正因為與下一代想法已經有差距,所以他積極

鼓勵家族兩代成員都去念企家班，溝通時才會有共同語彙。自從兩代都念過企家班後，討論公事時，大家對事情的邏輯看法與管理知識有重疊，更容易達成共識；很多事情都必須溝通，如果沒有共同想法，溝通一定會有問題。現在，奚志雄愈來愈知道如何與下一代相處。

 ## 葉國筌：一輩子的同窗情誼

政大企家班從一九八一年創辦以來，每年僅招收一屆學生，至今已經有四十一屆，來到企家班念書的學生，同窗相處可能長達兩年半至三年，無論在外身分是董事長或是總經理，無論公事有多忙，大家一起準備課業，上課一起討論，接受司徒達賢老師的震撼教育，每一班都培養出商場之外，單純求知的革命情感；這樣的情誼，多年來，讓他們即使畢業多年，每年依舊定期聚會，甚至家庭一起出遊，更成為商場上的好夥伴；其中，政大企家班第

十五屆，在萬年班代胡秋江領導下，每月攜眷球
敘，每年一起尾牙，而且時常全班出國旅遊，非常
難能可貴；此外，企家班十二屆的凝聚力也特別
強，多年來，不僅每月都聚餐見面，在生活與事業
上更彼此幫襯。

一個班級的凝聚力強，班代，絕對是維繫大家
感情的靈魂人物，而第十二屆企家班班代，精技電
腦董事長葉國筌，正是許多企家班學生口中「永遠
的班代」。

同樣也是企家班第十二屆學員，瑞昱半導體創
辦人、弘憶國際董事長葉佳紋是這樣形容他們的班
代葉國筌的，「班代是一個辛苦的工作，都要順著
大家的毛摸。他很用心投入，是非常自律的人，個
性就像貓頭鷹，穩定、觀察，把班級的事情當作公
事一樣去做。」

　　精技電腦董事長葉國筌特地拿出近三十年前，他就讀政大企家第十二屆時所整理的上課教材及筆記，厚厚兩大本；更驚人的是，翻開筆記本一看，每個泛黃頁面，都是葉國筌用非常工整的字體，整整齊齊詳細記錄上課的重點摘要。「見笑了！」葉國筌謙遜的說，他指著筆記本中影印的中英文教材解釋，當時企管書籍只有原文，沒有中文，葉國筌便花額外時間，把學校用的英文教材翻譯成中文。

　　一九九二年葉國筌就讀企家班時，公司員工已經成長到一百位，業績也突破六億，事業正要起飛，忙碌可想而知，但他依舊利用公餘時間，花大量心力在翻譯企家班的教材上，整整一年的時間，從吳靜吉老師的管理心理學教材、司徒達賢的個案教材，到行銷管理等，每個章節他都有翻譯，附上原文，再請秘書幫忙整理。不僅如此，他還把翻譯好的教材，進一步做成精簡版的投影片與同仁分享，「經營管理不應該只有我一人懂，否則公司沒

有共同語言，」是他的出發點。

鑽石與鑽石，互相琢磨

為人謙遜低調的葉國筌，只要談到過去企家班用功讀書的日子，就顯得眉飛色舞。二〇二〇年精技電腦年營收超過兩百億新台幣，對照三十年前剛踏入企家班時不過六億元左右，葉國筌表示，這都要感謝政大以及司徒老師的訓練。企家班的總導師司徒達賢，曾經這樣形容企家班這群經營者和高階管理人，「一堆鑽石靜靜放在籃子裡，並不會出現什麼效果，還要有讓他們產生互相砥礪的契機」，而這個互動的契機，就是透過教師「推動搖籃的手」，讓他們彼此切磋，從中得益。

不過，葉國筌談起他們這一班，笑著形容，還沒進企家班之前，以為自己是鶴；進入企家班以後，發現自己是雞，雞立鶴群。因為每個同學都有

很多優點，每堂課討論時，聽到別人的想法，心裡都會「哇！」一聲，為什麼自己沒想到。他認為，企家班改變他兩個地方：一是公司的成長，二是讓他終身不再抽菸。

一九七九年，葉國筌與幾位前同事共同創辦精技電腦，大同五專電信工程科畢業的他，創業之前曾在一家電子公司擔任業務銷售工作；創業之初，他說自己只有工程及業務銷售概念，員工也只有幾位，完全沒有任何經營管理概念，加上公司業務量也不大，當時並不知道管理的重要性。

一九九〇年代以後，精技電腦員工已經達一百多位，營業額也突破一億元新台幣，他發現過去土法煉鋼的管理方式，開始碰到瓶頸；「這些管理制度對不對？公司的財務要如何處理？是不是有風險？人事怎麼管理？財務也完全不懂只靠基層人員，」那時，葉國筌總覺得在管理上，很不踏實。

　　除了公司治理開始捉襟見肘，他回憶，當時大環境也正面臨轉變。台灣傳統產業成長到了一個程度，而資訊化時代來臨，產業正在重建，要從本土向全球邁進。當時的護國神山是很多本土大企業，包括大同、聲寶及裕隆等大企業在支撐本土經濟，但若要走向全世界，就必須靠資訊產業及電子產業與世界競爭。

　　即使是傳統產業也必須升級，包括家電、玩具、紡織等企業，也因為人力工資上漲，人才開始往東南亞國家及中國大陸移動，經營管理成為必要，企業主不能再用土法煉鋼方式經營。「以前強調只要努力，就能在一個行業裡待得比別人更久；現在努力還不夠，不能只認識一面，而是全面，」葉國筌語重心長的說。

　　剛進入企家班時，葉國筌聽到「經濟學」這個名詞，完全不了解，為什麼做生意要學經濟學？這

不是經濟學家的事嗎？透過學習他才恍然大悟，原來全球經濟趨勢跟企業脈動息息相關。對管理沒有任何概念的他，也是上了吳靜吉老師的管理心理學才發現，如果不懂得激勵，是無法將人事管理制度建立起來。

老師身懷絕技，學生終身受益

回憶過去在企家班上課的點滴，對於當時優秀的師資，葉國筌如數家珍般，一一點出這些老師在當時企業轉型的時期，扮演怎樣關鍵角色。「整個企家班由劉水深老師建立，後有林英峰老師接手，司徒老師是從頭到尾盯著，」他特別指出，林英峰老師是國家品質獎的召集人，教他們如何建立品質管理，精進產品，才能在全球有一席之地，政大商學院在企業界的形象，就是林英峰一步一腳印建立起來，是一位非常關鍵的老師。

　　印象最深刻的，當然少不了司徒達賢老師的個案教學。其實開學前的新生座談會，葉國筌就對司徒老師留下深刻的印象，因為還未開學，司徒老師已經叫得出來班上三十個同學的名字，而且對每個人的背景一清二楚。「老師非常用心，記憶力也非常好，」葉國筌笑說。

　　葉國筌遙想當年上課情景，如果學生沒準備，司徒老師會一直追問；如果沒注意聽，他會請你重複一次前面同學說的話，看你能不能意會，就是這樣的訓練，鍛鍊出獨立思考的能力。所以葉國筌一定會在上課前分組討論兩個小時才敢去上課。

　　「每一次上課都很喜悅，收穫很多，」因為大家都有備而來，又是各界菁英，司徒老師要每個人注意聽別人怎麼說，也要去想，然後再想如何表達，才讓人也聽得懂。透過這種聽說讀想的司徒式練習，「我經常上課就聽到一些關於公司問題的解

方，下課後就召集主管開會，告訴大家有解決方法了，」葉國筌難掩當時的興奮之情。

除了個案教學訓練邏輯思考外，葉國筌也非常稱讚已過世的陳隆麒老師所開的財務管理課程。陳隆麒老師寫的書非常深入淺出，教學時舉了很多例子，讓門外漢也能透澈了解財務精髓、學會看報表、看財務槓桿、知道有哪些風險；其他包括李金桐老師教的總體經濟，讓他對全球經濟開始有一些了解，「都對公司經營幫助很大，」工程背景出身的葉國筌，對財務完全是個門外漢，他感嘆財務對公司實在太重要了。

至於，為什麼說念企家班，讓他原本的菸癮也戒得一乾二淨？談到這件往事，葉國筌至今仍覺得有趣；一九九〇年代，政大企家班許多優秀師資都是剛從國外學成的博士返國任教，年紀甚至都比這些企家班的學生還要年輕，其中教授「行銷管理」

的老師洪順慶，也是其中之一。當時，政大企研所學生及企家班學生都在金華街的公企中心上課，班上幾個同學，包括他都有抽菸習慣，雖然學校規定不能在校抽菸，但是下課時間，他們還是忍不住跑到走廊抽菸。

第一次，葉國筌抽菸時被洪老師看到，他的年紀比葉國筌還輕，對他說：「葉學長，抽菸對身體有害！」第二次又被洪老師看到，他乾脆說：「我看你抽菸抽得這麼重，可能再活也活不了多久，你來讀企家班幹麼？」見他們依舊不理會勸告，到了學期末最後一堂課談廣告，教行銷管理的洪順慶，乾脆放了一支廣告；「這支廣告播很多名人因為抽菸得到肺癌，快要死的時候給的忠告，讓我們看得驚心動魄；以後我就戒菸了，畢業到現在都沒有抽菸。所以洪順慶老師對我的幫助又是另外一面，」葉國筌懷著感激的說。

教育訓練、傳承經驗的葵花寶典

葉國筌非常推崇司徒達賢老師的個案教學方式，認為課堂上的個案討論是一種培養分析及解決問題能力非常好的方式，他不僅將上課教材做成員工教育訓練內容；二〇〇八年，司徒達賢擔任商研院董事長，在商研院推廣個案教學，同時培養個案教學種子老師，葉國筌也成為種子老師之一。

「我學到如何寫個案，也派幾位公司同事去商研院學習，」學成後，他就把公司的經驗寫成個案教學。例如，公司如何建立物流中心，如何建立ERP等，全都寫成個案，變成主管訓練的教材。

「基本上，我覺得值得寫成個案的，就跟單位主管共同把這個事件寫成個案，再經過試教，就流傳下來；每一次討論也會激盪出新的火花，再去做修改，」為什麼葉國筌要花時間做這些事？他解釋，

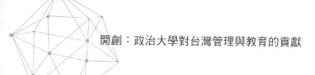

當公司各部門的人都讀了這些個案，大家就有概念，將來不同部門要互相配合時，就能了解其他部門箇中辛苦，以及怎麼合作、解決。

「尤其，讀這些個案時，不是在讀不相干的國外個案，是自己公司曾經發生過的事，討論起來會很有趣，也不會天馬行空，沒有標準答案，」因為有這些個案教學，不斷累積教案，經驗也能代代相傳，成為每一次教育訓練最好的方式，還能培養主管跨部門管理的能力；否則，如果對這些部門不熟，要如何管理？

葉國筌也指出，個案教育訓練也可以是他挖掘潛力新秀的方式；「教育訓練時，高階主管也會在場，雖然不見得會參與討論，但是透過大家討論，可以觀察到誰的想法值得採用，誰有潛力值得重點栽培，」這些都是企家班個案教學帶來的啟發。

　　因為受到企家班的薰陶，發現來自各行各業的同學，都有優秀獨到的一面與見解，他也開始改變自己在公司的管理態度，無論同事職位高低，做報告時一定仔細聆聽，放下身段，讓自己更加謙虛。

　　受惠於企家班的教育，讓他覺得終身教育很重要。後來，葉國筌設立一個制度，只要服務滿十年，公司就提供三十萬助學金，可以回到學校研讀，不管是念企家班或是EMBA。「現在，公司裡企家班畢業的有十多位，各校EMBA畢業的員工有二十九位，這樣大家開會就有共同語言。」

最重要的改變是心態

　　號稱「永遠的班代」的葉國筌強調，當時班上唯一一位女性，也是班花，前台北一〇一董事長宋文琪，同樣對班上事務很熱心。一開始，每個月聚會人數還不多，她就把同學的太太們聯合起來，大

家聚在一起彼此認識，感情非常好，也對先生的工作狀況更加了解。

當時葉國筌的公司還未上市，有「基金教母」之稱的宋文琪就提醒他，公司要繼續成長，就要公開發行上櫃，未來發展才不會陷入瓶頸，「她是這方面專家，介紹很多朋友讓我工作更順利，」葉國筌至今仍感念的回憶。

「除了從老師身上學到理論與基礎，也能跟同學互相學習與提攜，」每月聚餐聊天外，同學們也會拜訪彼此公司；有人的公司有新的制度發展時，葉國筌就帶隊去參觀那些新系統與設備，看它的運作狀況，讓大家少走很多冤枉路。例如，桂冠食品的四兄弟之一王坤山，也是班上同學，葉國筌就帶公司團隊去參觀桂冠的冷凍倉儲，他解釋，這個冷凍倉儲是零下三十度的作業環境，他先前參觀過一次，看到作業員都戴著厚厚的手套，鍵盤也無法用

手指滑動，這些經驗讓他避免走錯路。

「大家都是同學，很樂意我們去參觀，」葉國
筌心有所感的表示，讀企家班最重要的是心態改
變，承認自己不是最好的，別人有很多可以學習的
地方。

或許是同學感情太好，畢業後，甚至還想繼續
一起念書，正好當時創辦企家班的劉水深老師在大
葉大學擔任校長，在班代葉國筌的號召下，幾屆企
家班學生共有數十位，一起去考大葉大學的事業經
營研究所，延續同窗情誼，成為美談。

葉佳紋：掌握趨勢，翻身為科技大亨

葉國筌說，讀企家班還有一個重大收穫，那就
是同學間的互相勉勵與指導。台灣重量級的 IC 設
計公司瑞昱半導體的創辦人葉佳紋，二十多年前，

也是因為讀企家班十二屆，與葉國筌成為好友，後來更是事業合作夥伴。

二〇二一年，做為全球前十大 IC 設計大廠，瑞昱半導體的年營業額超過一千億新台幣，葉佳紋除了是瑞昱半導體創辦人外，也是弘憶國際董事長及瑞雲資訊董事長；但他還有一個身分，以代工生產「虎標萬金油」、「德恩奈漱口水」聞名的老牌藥廠——西德有機化學藥品公司第二代。

建國中學、成大礦冶系畢業的他，一直都是優秀的好學生，但他感慨的說，過去的教育是教學生把事情做好，但做生意要面對的是人，「企家班的教育是教你如何做生意，這些書上都不會寫，」念企家班幫助他學會用不同角度看事情。

從傳統藥廠出身，到搖身一變成為上市科技公司負責人，葉佳紋肯定企家班的教育，改變他看產

業的方式，從過去埋頭苦幹，到後來善於掌握下一波趨勢。

　　雖然念的是礦冶系，或許是因為家裡關係，他對做生意也相當感興趣，大學時就副修許多商學院課程；「商學院教的都是很專業課程，從會計、財管到人事管理，但都是一個 topic、一個 topic 修，修了會計一與會計二，但沒有系統性，」但他仍感到當時副修商學院的不足。

　　民國六〇年代，成大畢業後的他原本打算出國念書，但碰到父親欠下巨額債務，身為二房長子，他一肩扛起藥廠生意，努力還債。葉佳紋的身材瘦削，努力還債的那十年，二十四小時除了睡覺外，就是一直在思考怎麼經營好藥廠生意；「一天吃一到兩餐，因為要還債，就是拚啊，沒別的路，我的胃也搞壞，後來出差到法國就胃出血；」到三十二歲時，他已經還完家中債務，接手父親藥廠生意，

但他覺得，台灣藥廠只能做本土生意，規模就這麼大，他開始另闢事業版圖，與理工科系畢業的弟弟及同學，一起創辦瑞昱。當時台積電還沒掛牌。

企家班讓我抬起頭，看得更全面

由於過去在藥廠的管理經驗，他仍覺得不足，有空就到處去聽演講，週末就到台北生產力中心上課；只要有課，葉佳紋就去上，只是他覺得兩、三個小時太少，為了多聽一點，還報名必須上好幾週的課程。

葉佳紋從年輕時就有一個習慣，每天都會做筆記，記錄每天做了什麼，想要完成哪些事情，如果已經完成就劃圈。每年年底，他會拿起筆記回顧這一年，完成了哪些事，收獲了哪些。

有一年，他拿起筆記一看，發現自己除了買管

理書籍來看外，藉由上課聽演講，一年來的收穫頗豐，但是讓他扼腕的是，他只能透看書或是聽演講，去印證之前的管理經驗對或是不對，而無法先有知識再去布局事業。

「我是做完事情後才得到知識，就後悔當時怎麼沒有這樣做。我覺得這樣不對，就起了一個念頭，應該要學一整套的做生意方法，而不是一下子從單方面的會計角度來看，一下子從生產管理角度來看，或是有人跟你講庫存怎麼管，你就只能從庫存的角度來看，」葉佳紋永遠記得剛進入政大企家班時的震撼，他的第一個念頭是「啊！早該來了」；第二個感受是像洗三溫暖，在課堂的討論中，知道別人對這件事的看法。

司徒達賢經常挑戰台下企業家學生：「為什麼你這樣看？」當時他很驚訝，老師問的不是結果，而是大家的看法。葉佳紋其實心中已經準備一套答

案，但是聽到別人講得更高明，再知道他的背景與觀念，「一個念頭轉過去之後，就很享受，」他闡述一九九二年念企家班時的興奮感。

「一九九〇年代，高科技產業正要起飛，但是沒有人教我要如何全面的做生意？大家都是在一個產業、一間公司裡經營，把工作認真做好而已，沒有人讓我抬起頭，看我到底是在這個產業中的哪一塊？我的上游是誰？我的同業是誰？我的客戶是誰？我的上游怎麼想？同業怎麼想？客戶怎麼想？包括我的客戶的客戶如何產生購買動機與行為？是產生怎樣交換利益的？我們叫做創價流程。」葉佳紋緊接著說，過去的學校教育，大部分也是教學生蹲下來好好看一件事情，把這件事情做到極致與專精；但是沒有人抬起頭來看，自己正在做的事，到底對還是不對？

經過企家班這一段全面產業思考的洗禮後，他

用一個相當精準的譬喻，形容當時他豁然開朗的心境：「以前你蹲在山下，把事情做完就是一切了；現在你站起來以後，到了山上一看，發現：哇！世界好大！我的想法是錯的。因為發現錯了以後，更有強烈的學習動機，」他形容上企家班就像挖礦，今天挖到一桶，還要再等一個禮拜，恨不得天天都上課。

不一樣的生活樂趣

上了一年課後，他跟留英拿到博士學位的弟弟葉博任說：「哥哥上得很好，你也要去上，」結果，弟弟跟他說：「我這輩子揹書包揹了二十幾年了，幹麼去念一個只有學分的課，」回憶當年，他是這樣說服弟弟的：「以你的學歷，你一定會被錄取，錄取後的第一堂課就是司徒老師的課，如果你去聽了不喜歡，就不要再去，我只要求你做這件事。」

　　葉佳紋是家中老大，三兄弟不僅感情好，各自有家庭後，也是住在同一棟大樓裡。他笑說，後來他弟弟去報名，上完第一堂課後，隔天他就趕緊問弟弟：「昨天聽得怎麼樣？」他回答：「哥！公司還沒倒，還真是福氣，」結果，他就去揹了兩年半的書包。原來弟弟聽完之後，才發現公司問題很多，都是過去沒想到的。

　　後來，連葉佳紋的兒子和女兒都去念企家班，兩個兒女，一個留英碩士，一個留美碩士，他是這樣跟兒子說的：「我以前也不怎麼樣，你看我做了那麼多事，就是從企家班那裡轉型變成現在這樣，你要不要跟我一樣？除了學到知識外，還交了那麼多朋友，變得那麼快樂，」企家班提供了另外一種生活，有很多朋友與學長、學弟，得到的是一個生活圈，大家同質性高，講起話來也很愉快。

　　或許，這也是政大企家班四十年來，每一屆學

生彼此之間能夠維持長久情誼的原因。「我們都是白手起家，剛開始什麼都沒有，台灣剛好經濟起來，大環境也起來了。那時，班上的大家都是經營著小企業，幾千萬到一、兩億的公司，才剛起步，一心想如何把我的事做好，所以每個人上課分享的事情，都是大家當時的感受；彼此取暖，遇到困難，分享解方，我們叫做『黑手漂白』，因為大家都是黑手啊，感覺自己不夠，所以互相幫忙，」葉佳紋感慨的說。

葉佳紋的兒子念企家班一年後，女兒也主動說要去。葉佳紋不想勉強他們念書，所以常問他們：「念了以後怎麼樣？快樂嗎？」他們都說快樂。

「對的產業」比「做得好」更重要

回顧瑞昱從一九八七年創辦至今，已經走過二十五年，從只有二十人的規模，成長到如今四千多

位員工的重量級公司，葉佳紋說，其實公司一開始也沒那麼厲害，也不知道該如何做，而是一段一段微調方向，然後慢慢燉、慢慢熬出來。至於微調方向的基準，他歸功於司徒達賢上課時教大家的「矩陣分析」，「透過矩陣，可以看到很多東西，看大家在做什麼？為什麼這樣做？再回過頭來看我眼前做得對不對？」他指出，用司徒老師教的結構性方法去看問題，從六個構面深度去看產業發展，就會了解自己在哪裡、產業在哪裡、對手怎麼想、下游怎麼想，「下一個趨勢將會屬於你。」

產業會變化，也有循環，葉佳紋進一步解釋，「如果腦袋夠清楚，實際去研究就發現產業會這樣變；就像水會從哪裡掉下來，只要拿桶子在下面等就好了，不是跑到山上去挖井，也不是跑到河邊去撈，而是等著下一個落點，在那等就好了，」公司經營如是，投資別人公司也是如此。

　　至於為什麼要從產業來思考？他表示，跟著產業趨勢賺的錢才有大錢，只做公司營運只有賺小錢。產業帶來的價值更大，產業需要時，不管東西好不好，只要「不壞」就可以賣很多，所以做什麼產業很重要。有的產業很辛苦，到後來還是很辛苦；但有的產業，就算做得不好，公司還是上去了。

　　公司經營如此，人才管理也是如此。葉佳紋指著辦公室前面的牆上，貼滿了各種顏色的便利貼，這些都是每位員工自己填寫的工作目標，公布出來，大家可以觀摩彼此在工作上的自我要求，互相學習，而不是埋頭苦幹。

　　他分享兒子念企家班的心得：「每個人來自各行各業，透過討論，發現竟然也可以跟不同行業的人討論，有人來自外商，各有專業，但對方也不見得比我強，我就更有自信去做，同時也知道還有很多問題要突破，這是企家班的另外一個好處。」

葉佳紋自己的結論是：「讀企家班就像擁有一個智庫，裡面有各行各業的同學，有問題都可以找他們，做事情就勇氣百倍了。」

吳守謙：開啟更多求知欲

因為就讀政大企家班而念書念上癮的企業家，其實頗多，可樂旅遊副董事長，也是目前企家班校友會秘書長的吳守謙就是一個最好的例子，原本只有高中學歷的他，如今擁有三個碩士學位及一個博士學位，研讀的領域也從企管橫跨到資管及法律。

除此之外，他也跟葉國筌一樣，把司徒達賢的個案教學討論方式移植到公司，延伸為內部管理；吳守謙甚至將著名的「司徒卡」（開學時，每位學生在一張卡片上填寫自己的名字與基本背景，課堂上，司徒達賢會隨機抽卡提問），也應用到公司內部會議上，藉此提高會議效率。

　　二〇〇五年，他加入政大企家班第二十五屆就讀後，一改過去忙碌的應酬生活，開始養成早睡早起的規律習慣。「我都利用早上念書，這個習慣是從念企家班以後養成的，」今年六十五歲的吳守謙笑說，他自己都沒想到，年過四十五歲以後，竟然會念書成癮，愈讀愈快樂，也因為書念得透澈，讓他在事業布局上打通了任督二脈。從進企家班時，他的公司規模還不大，如今卻是稱霸國內旅遊業，年營收突破四百億的公司。

　　照理來說，日理萬機的吳守謙，應該忙得沒有時間念書，但他每天早上四點半起床念書，晚上十點半以前一定入睡。他說，每天早上的晨讀，不是只埋頭念書而已，而是會回想，書中的理論跟實務，有沒有驗證。

　　一九七九年，吳守謙高中畢業就踏入旅遊業，從基層小弟做起；一九八一年，他與另外三位朋友

一起創辦可樂旅遊，吳守謙帶著靦腆的笑容說：「我高中畢業就出社會，沒有受過正規大學教育，有時會感覺不如人，尤其同仁有的大學畢業，甚至是碩士，」這種感覺，在他創業之後，就更強烈。

二〇〇〇年初，公司成立二十年；他坦言，自己是用官大學問大的土法煉鋼方式來對待員工，但他很清楚，除了職位高低，肚子裡有沒有東西才更重要，這一點會讓自己產生微妙的自卑心理，所以想要強化自己，提升自信心。

他強化自己的方式就是重返校園念書。二〇〇二年開始，因為妻子帶著小孩到國外念書，一個人的時間變多了，他先去南亞技術學院念六個月的學分班，再進台大推廣教育念書；「愈念愈有興趣，以前我沒有接觸過大學教育，這方面完全白紙；我有實務上的經驗，但沒辦法用學術語言講出來，」念完後，他又透過遠距教學，念了十八個月的澳洲

南昆士蘭大學（University of Southern Queensland）
課程。

在南亞技術學院他所念的班級，班主任是政大
經濟系畢業，告訴他政大企家班很有名，推薦他去
報名，因此打開另一個世界。

發現學習的新世界

「我進去就被司徒老師的個案教學震撼到，他
寫的那本《管理學的新世界》，第一學期我把那本
書讀到皮都爛掉，」到現在，吳守謙還記得剛進入
企家班就讀的興奮感，就連飛往澳洲探視家人，在
飛機上還是拿著那本書猛讀，「因為那本書寫得很
實際，都用案例說明，對我們實務出身的，剛好很
實用；加上司徒老師第一堂課就簡潔扼要的說，你
在公司裡要有一個理想，希望能到達什麼目標，可
是事實跟理想會有距離，就要找出距離來。」

「第一堂課我就發現，這個老師值得跟隨一輩子，因為他身上有很多可以不斷學習地方，我這輩子何其有幸，可以跟到這麼棒的老師，他各行各業都了解，也很清楚旅行社，哪一個老師懂各行各業？」吳守謙由衷佩服司徒老師。

他也發現，念企家班的人都不是為了學分而來，而是為了學到真正的東西；「我們要的是實用，而不是把我們當大學部學生教，」因此，在企家班授課的老師，備課壓力比教其他課程還大，因為學生不是經營者，就是高階管理者，每個人都有自己的主見，然而吳守謙笑說：「我們這一班好幾個同學都是大公司老闆，但是上司徒老師的課，手心都流汗，緊張到這種程度，因為老師一直追問。」

別蓮蒂老師及樓永堅老師開的行銷課，也讓吳守謙感受到企家班老師的用心良苦。第一堂課就先考試，知道每個人的資質在哪裡，學期末再考一

次，了解學生是否有進步。

　　有趣的是，有一年，好學的吳守謙報名參加他校個案教學的課，他明顯感受「上過司徒老師的課，再去上那個課，哇！簡直是天壤之別。因為司徒老師功力深厚到可以談笑風生，收放自如，這就是個案教學活潑的地方；有的個案教學陷入僵化，沒有進入骨髓裡，不像司徒老師已經出神入化，可以把問題丟來丟去，最後還可以收斂。他會掌控時間點、問題點、人與人之間的互動，這是老師很厲害的地方。」

　　一場考試，就可以看出吳守謙有多認真，第一學期司徒老師的考試，考完之後，就連司徒達賢也很訝異的宣布，班上成績最高的是吳守謙。

　　吳守謙自認資質不好，所以念起書來比誰都用功，加上他非常用心將所讀的書籍與自己實務經驗

結合。在應答考題時，吳守謙就活用司徒老師的理論，把旅行社的作業從線控到行銷，都套用老師的六大元素，回答得清清楚楚。

「我才知道，有實務沒有理論，容易空洞；而有理論沒有實務，會變得盲目；兩種都有的時候，就會豁然開朗，」他說。

學會聆聽，開會更有效率

司徒達賢後來擔任商研院董事長（二〇〇八年至二〇一〇年），找來幾位他教過的企家班學生，培訓他們成為個案教學的企業講師，包括葉國筌與吳守謙，都是種子教師之一。他回憶道：「老師把他的精髓教給我們，然後我們去學寫個案教學，還要在商研院講出來給大家聽，才有資格當企業講師。」

　　他指出，司徒達賢非常希望將個案教學推廣到企業，老師常說：「個案是你們公司的，沒有機密問題，而且不同部門之間可以腦力激盪。」企家班畢業後，吳守謙立刻將個案教學應用在公司裡，找大家腦力激盪研發公司個案，他發現好處是，可以不斷用來培訓主管，也懂得如何主持有效會議。過去，很多會議都流於形式，為開會而開會；會議花的都是時間成本，而且都是主管，透過個案教學方式改善會議，幫助公司省下多少時間成本。

　　他表示，司徒老師的個案教學讓他受益非常大，尤其是他所處的行業是服務業，沒有自己的商品，都是在整合上下游彼此資源，所以談判力與應變力要非常強，專注聆聽的訓練就變得很重要。

　　他還有一招可以讓會議更高效，那就是「隨機抽卡」。吳守謙解釋，他底下有一百多位主管，每次開會他都疑惑，到底這一小時的會議，大家有沒

有注意聽，後來就效仿司徒老師的抽卡，大家變得很認真開會。

　　吳守謙把全省主管的名字一一寫在每張卡片上，「要抽卡之前會說我要問什麼問題，哇！全省一百個主管，同時都在想這個問題，因為不知道會抽到誰，這個方法非常有效，所有人聚焦在會議上，」他仿效司徒達賢，抽到某張主管的卡，就問他上一位在講什麼？而且不能只是複述上一位說的話，而是要去挑戰他的回答，是否有需要再加強的地方。幾次下來，只要是吳守謙主持的會議，沒人敢懈怠。

　　這麼做的好處是，主管懂得專心聆聽每位與會者的發言，他再去布達給下面的人時，才不會斷章取義，至少可以把上面傳達的意思，表達出七、八成，不會連四成都不到。如果在會議上答不出來吳守謙的問題呢？他說：「我對主管要求是很嚴謹的，

我甚至會說，你這樣子以後不要來開會沒關係，因為你不在乎嘛！」之所以嚴厲，他解釋，旅遊業每個環節就像螺絲一樣，必須鎖得很緊，稍微一個差池就會被客訴。

學習，永遠不嫌晚

企家班讓吳守謙茅塞頓開，在念書上找到成就感，畢業後，他決定繼續攻讀政大EMBA資管組碩士班，接著又到北京大學總裁班上了一年課，又再度回到政大，考上資管所博士班，六十歲那年，他拿到人生第一個博士學位。然而，他還是覺得不足，剛好東吳法律研究所開放不需要法律學術背景的人報考，他覺得念法律對旅遊業有幫助，又投入了法律領域，他透過不斷念書充實自己，再把所學的知識轉化成公司前進的力量，一步一步建立起今日在旅遊業的地位。

　　吳守謙回顧當初之所以念資管，主要也是旅遊業必須仰賴資訊，公司很早就成立 IT（Information Technology）部門，「可是我不了解他們的話語，就想去念資管看看；我不能因為我是主管，他們就得聽我的，而是必須要有同理心，站在他們的立場去想。」念了兩年的資訊管理，他才恍然大悟，原來資訊人員有自己的架構，身為主管必須清楚知道自己要做什麼，才下達命令，否則朝令夕改，底下的資訊人員寫程式要花很多時間，永遠做不了事。「今天大家都在談數位轉型，如果老闆不能親自參與，是轉不了型的，」他感同身受的說。

　　吳守謙不只對各種企管知識琅琅上口，甚至連最新的區塊鏈、IT 管理都非常嫻熟。「我們在整個旅遊業裡，大數據做得最完整，因為我太了解數位方向，分包商對我啞口無言，員工也騙不了我，我都瞭若指掌，」只要差異化管理，讓差異不再發生，公司就能自然運作。

　　當年，僅有高中學歷的吳守謙有些自卑，如今回過頭來看念書這段歷程，他有些慶幸自己高中畢業就投入社會工作；因為他踏入旅遊業時，恰逢其時，剛好旅遊觀光開放，讓他得以提早布局。「高中畢業先做事再來讀書，沒有不好，學得一技之長，再回到學校去學理論，」他說，如果念完大學再工作，可能就失去了先機。

　　雖然是疫情期間，但在偌大的辦公室裡，每位員工卻依舊忙碌不已。吳守謙認為，疫情是老天爺要他們多了解台灣生態，所以他們努力開發國內旅遊，介紹很多國外人來台灣玩；疫情期間，很多餐飲面臨倒閉，可樂旅遊卻不斷送客人進去，帶動地方發展。「未來商務客會愈來愈少，大家都遠距了，也就更仰賴資訊系統，」他把未來想得清清楚楚，提早就在布局。

　　他感慨的說：「這次疫情，我們可以這麼快轉

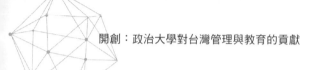

型，是文化塑造出來的；若肚子裡沒有東西，是很難塑造文化的。」

戴治中：一日為師，終身為師

四十年來，司徒達賢從第一代企業家及經理人教起，如今，二代也相繼進來念書，在許多企家班學生心裡，司徒達賢不僅是授業老師，更是他們永遠的精神總導師，即使畢業，師徒情誼也從未斷過。

海霆國際物流董事長，同時也是企家班校友會會長戴治中說，校友會春夏秋冬都會舉辦讀書會，請司徒達賢帶大家讀書，並邀請知名人士來演講；企家班的學生甚至將司徒達賢的生日訂為每年企家班的返校日，大家歡聚一堂，由此可見司徒老師的影響力。

從事物流業超過四十年，戴治中所創辦的海霆

國際物流集團，不僅是台灣最早布局全球供應鏈的
國際物流企業之一，更是中國發展一帶一路及跨境
電商海外倉儲業務，唯一參與實際營運權的台商。
在物流界，從陸運、海運、空運到鐵路都做過，沒
有人像他一樣有如此完整資歷。二〇一九年，他更
與歐洲最大冷鏈物流集團N&K Spedition合作，共
同出資成立中丹寶冷鏈物流公司，並出任N&K
Spedition亞洲區總裁。

「我後來開了很多公司，都是念書以後才開始
做的，不然以前會覺得很好啊，但沒有新的想法出
來，現在是隨時都跑出新的想法，」戴治中年輕時
其實對讀書沒興趣，五專畢業就踏入物流業，一九
八五年成立海霆公司時，正逢台灣經濟起飛，進出
口貿易頻仍，帶動國際海空物流業務成長。他在一
九八九年進入中國市場，積極開拓亞洲物流市場；
一九九〇年到美國設分公司，經過二十幾年經營，
員工達兩千多位，做到全美最大的物流公司。

　　二十幾年近乎一帆風順的事業，他很清楚，除了努力，也有很多機運在裡面；人生行至四十幾歲時，有一段時間停下來，覺得沒有新想法，加上物流業在進入二〇〇〇年後愈來愈多元化，他覺得腦袋需要重新開機，決定回學校念書。

　　二〇〇六年，戴治中念完政大EMBA，開始對念書產生興趣，相繼在其他學校念短期課程，有人就跟他說：「你去聽這個幹麼？他的老師就叫做司徒達賢，你祖師爺不學，去學徒弟？」於是二〇一三年，他再度進入企家班第三十三屆就讀。

　　當時他的事業遍及全球，每週都得坐飛機出差，但他表示，只要能回來，他一定趕回來；有很多次，週一晚上七點上課，他都是七點二十分拖著行李箱進教室，司徒老師就會指著他說：「他出國都會回來上課，有些人還不來上課。」

　　戴治中念完企家班之後，繼續攻讀資管博士，並到廈門大學攻讀金融博士，就是深受司徒達賢在教學上的啟發。他充滿感激且肯定的表示，司徒老師四十年教學，累積了一身功夫，無人能及。這是因為他在教學上，不只是用引導方式，啟發大家去看一件事情有許多面向的思考；他的潛移默化更是厲害，企家班很多氛圍都是在教為商之道，司徒老師希望他的學生未來不是只知道賺錢，而是知道做公益回饋，他會用各種方式表達出來。

　　他感慨的說：「念企家班之後，人脈擴張是你無法想像的。」他指出，企家班在台灣商界影響力非常大，許多上市櫃公司老闆都念過企家班，無論在生活或是事業上，大家都彼此幫忙。

　　能夠因為念書，獲得志同道合的朋友和新的生活圈，戴治中一直抱持著感恩的心，所以當上會長後，雖然企家班校友會會長是無給職的義務服務，

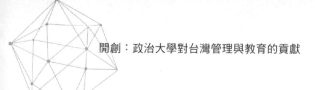

但從學長姊的小孩求職、公司業務要推廣、零組件臨時買不到貨等，他都義不容辭，熱心提供服務。

結語
走過一甲子，政大為台灣管理教育的持續開創

　　本書主要回顧一九九六年之前，政大在引進現代企業管理教育過程中，所進行各項創舉的歷史回顧。作者實際採訪早年政大企管研究所及企管系校友們，多達五十幾位。透過他們的現身說法，讓讀者更了解早年政大企管教育帶給他們的正面影響，包括在事業經營上與管理理念上的啟發，以及可貴的同學情誼，都讓他們終身受用，至今仍感念不已。

　　惟因篇幅有限，僅能採訪到部分早期的校友以及校友會的主要幹部，尚有極多非常優秀傑出的校友未能訪問及納入報導。

　　本書自一九六〇年代開始回顧。當時政大因應台灣產業快速發展，需要大量管理人才，首創國內第一個企管系及企管研究所，培育本土企業管理人才，尤其是MBA人才；同時也成立公企中心，針對企業界需求，為在職人員開班授課，不僅開啟台灣現代管理教育先河，更為管理教育帶來許多開創之舉。這些開創，大致可以歸納如下。

一、全新的教育機構及觀念

　　美國政府認知到台灣未來企管教育人才的迫切需要，乃支持密西根大學與政大合作，有系統的轉移觀念、設計課程、培育師資，並在政大設置幾個全新的企管教育單位。

二、名稱與名詞的創新

　　政大在一九六二年成立國內第一個企業管理系

之後，也帶動其他各校的相關科系，自一九六六年起一律從「工商管理系」更名為「企業管理系」。一九六四年，政大成立企業管理研究所，爾後台灣各校的MBA教育單位也都稱為企業管理研究所，至今只有台大仍維持工商管理系及商研所之名稱。

政大將原本稱為「市場學」（marketing）的課程，依楊必立所長的建議，正式更名為「行銷學」，成為各校商管學院乃至於全台灣企業界沿用至今的名稱。其他如將「brand」翻譯為「品牌」、「channel」翻譯為「通路」、「product differentiation」翻譯為「產品差異化」、「market segmentation」翻譯為「市場區隔」、「product line」翻譯為「產品線」等，都是許士軍在任教於政大企管所系時首先翻譯，而被台灣企業界後來通用至今的名詞。

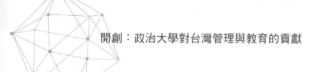

三、課程重新設計並強調重視通才的管理教育

在課程設計上，相較於當時國內商管科系主要以會計、簿記為主，培養專才為目標，政大企管系參考了當時密西根大學MBA課程架構，設計以培養通才為主的教學內容。除了企管專業科目外，將行為科學、數學、與企業經營有關的法律課程都涵括在內；不僅課程涵蓋廣泛，更延請校內外各系優秀老師，包括運輸學、財政學、保險學、貨幣銀行學等老師到政大企管系授課，以期達到「廣博」與「通才」的效果。

四、對英語的重視

政大企管系也突破學制，加強英語教育，學校也特別允許企管系自行開設各類型英文課程，從大一到大四，有英文讀本、會話、文法、作文、及商用英文等課程，達四十個學分之多，使企管系學生

在接受通才教育之外，也獲得嚴格的英語專業能力培養，協助許多畢業生後來投入國際貿易領域或出國進修。企管研究所早期的美籍教師，也對學生的英語能力大有助益。

五、公企中心首開在職進修課程

一九六二年，政大成立「公共行政及企業管理教育中心」，開國內企管及公共行政在職教育之先河，提供實務界許多新穎而實用的在職進修課程。公企中心成為當時台灣唯一提供企業界長期進修的機構。而且也首創開架式圖書館，供校內外人士，只要申請借書證，就能入內自由瀏覽借閱當時國內最齊全的中、英文企管相關書籍及期刊。

六、成立國內第一所企業管理研究所

一九六二年政大成立企管系之後，一九六四

年，政大也成立國內第一所企業管理研究所，並將企研所設置在公企中心，更接近市中心以提高與社會及實務界的交流互動。企管研究所設址在公企中心，有助師生更接近廣大的企業界，可以因與企業界更密切聯繫而有利於理論與實務的結合。另一方面，由於企研所設址於此，也提高了公企中心在學術上的形象與地位。

七、企研所成立後，陸續在體制上進行根本上的創新

做為國內第一個企管研究所，政大企研所有許多創新之舉，這些不僅突破了當時的體制，而且也帶領了台灣其他大學企研所的體制與方向。過去數十年，台灣管理教育能如此蓬勃發展，其實與這幾項制度突破都高度相關。

其中之一是，擴大招生名額，從傳統研究所通

常只招募三到十名研究生，政大企研所為了配合社會大量需要管理人才，增加到四十至五十個名額。

　　其中之二是，在招生上，打破學系限制，更歡迎理工科系畢業生報名，不僅提供理工科系畢業生更多元的職涯管道，也將理工人才導入管理領域，對於日後台灣製造業與科技業在經營管理水準上的提升影響甚鉅。

　　其中之三是，從前所謂「研究所」中的研究生其實相對修課不多，主要時間投入「研究」，並努力寫出一篇具有學術價值或至少有嚴謹研究方法的論文。而政大企管研究所傳承了美國現代MBA教育的精神，加上大量「非商管科系畢業」的學生，因此要求修課學分多達四十學分以上，其中必修課也占相當高的比率。目的在配合通才教育的基本精神，因此學習範圍要「廣博」，並努力進行「理論與實務之結合」，而非針對特定專題進行學術性的

深入探討。

其中之四是，突破當時法令限制，特案准許增加師資員額。為了因應開課的需要，以及大量增加的研究生，企研所必須有相當數量的師資。當時政大校長李元簇特別允許企研所招聘教師的名額不受「四員一工」的限制，也因此，使當時許多留美企管博士回國後，可以都在政大企研所任教。

過去幾十年，各校的企研所或商管研究所，在體制上大多與上述的「體制」相近，而與其他學科的研究所不同。這可算是受到政大企研所在早期從美國引進，而在台灣所建立典範之影響。

八、首創個案教學及本土個案寫作

政大企研所首創本土個案的寫作，也首先運用大量的互動式個案教學於課程之中。

　　在第一任所長楊必立帶領下，在一九七六年前後，由企研所師生共同編寫國內本土企業個案教材，並集結成四大冊《台灣企業管理個案集》，提供給全國商學院學生及企業界參考使用。一九七六年剛回國的司徒達賢，在幾門必修課中全面採用個案教學，透過互動式教學方式，取代傳統單向知識傳遞，成為政大企研所的教學特色之一，並擴展到其他學校。

　　個案教學自哈佛商學院在一九二一年開始率先以「個案研究」來授課，至今已一百年，而司徒達賢更以個案教學培養碩士班學生及企業家班中的經營管理者「聽說讀想」的能力，強調唯有先奠定聽說讀想這幾方面的能力，從用心理解他人的發言以及自己精準發言開始，才能整合不同資訊與意見，才有可能做出考慮層面更深更廣的決策。他早期請碩士學生將許多哈佛管理個案翻譯成中文，自己逐句校訂；而且也親自訪問寫作或指導學生寫作不少

本國個案。除上課使用外，也提供其他學校使用，帶動早期各大商管學院的個案教學風氣。

二〇二二年，曾任哈佛商學院院長的尼汀·諾瑞亞（Nitin Nohria）在《哈佛商業評論》撰文指出，哈佛在紀念個案教學一百年之際，發現對校友產生最神奇力量的正是個案教學。並經由個案教學，培養學生在準備、辨識、識別偏見、判斷力、協作、好奇心與自信心[10]，而這些教學方式及學習效果，四十幾年前在政大企研所就已經實施或出現了。

九、成立國內第一所企研所博士班

政大於一九七六年，在第二位所長許士軍的努力下，成立國內第一個企業管理博士班，以培育本土師資，成為台灣各校早期的重要的企管師資來源之一。

也由於當時只有政大有企管博士班，投考者為數眾多，因此在學習上，對學生可以嚴格要求，使學生有更多的收穫與感念。政大企研所博士班一枝獨秀的情況，直到一九八七年，台大成立管理學院及博士班後，才被打破。

在司徒達賢擔任企研所第四任所長任內，在博士班也有不少創新之舉；其中之一是，實施博士班全天留校的簽到制度，希望學生專心求學；其中之二是，規定博士班學生必須修過碩士班的基礎管理課程，以利於他們將來成為教師後，可以從更全面的視野來進行各種專業課程的教學；其中之三是，採取「預考」制度方式，除了在決定研究題目之前，需要口試前三章的「研究計畫」外，還規定博士班學生在完成論文後、申請論文口試前，必須先經過「預考」，請校內外考試委員審核並提供建議，學生修正後，才能辦理正式口試。此舉目的不僅確保學生的論文從一開始就能受到論文考試委員的指導，

而且不至於到了論文口試最後關頭，再耗費大量時間來修改，或以「低空閃過」的方式完成博士論文。

十、重視實務與理論結合的「企業診斷」課程

以實務為教學目的的政大企研所，當年更在第三任所長劉水深的帶領下，首創國內管理教育以實務出發而開設的「企業診斷」課程，帶領師生實地到企業去做經營管理診斷，開啟學生實務經驗，老師也能結合實務經驗，使其知識廣度與學術研究，更上層樓，並可提升教學的品質及實用性。後來曾任商學院院長的林英峰教授在這方面也投入了更多心力。

十一、創辦全球第一本華文管理學術期刊

一九八二年，劉水深所長創辦全球第一本華文管理學學術期刊《管理評論》，成為以研究華人世

界管理問題的平台，也是台灣當時第一本企管學術期刊。而政大企管系更早（從一九六二到一九八三）發行的學報，更是台灣最早發行，介紹管理新知的年刊。

十二、成立國內第一所只有學分而無學位的「企業家班」與「科技班」

一九八一年，時任所長的劉水深創辦政大企家班（企業家經營管理研究班），成為國內研究所第一個不必筆試，而採用甄試方式招收高階在職人士進修的創舉。

政大首先開設針對企業高階管理人士的企業家班，讓企業高階人士除了政大公企中心所提供的企經班及企高班等短期進修管道外，還能更上一層樓，進入企家班接受完整而有系統的企管教育。

　　企家班也是國內首創第一個沒有學位，只有研究所學分的班級，除了深入介紹各方面的管理知識外，也經由互動式個案教學，訓練學員的聽說讀想能力，對他們的溝通方式甚至思維體系產生長遠的影響。

　　繼政大創辦第一個只有學分的企家班後，一九八五年，劉水深所長再度成立「科技管理班」，配合當時台灣科技業興起，需要擁有管理知識與素養的科技人才，招收以科技業為主的企業高階人士就讀，也是當時一大創舉。

十三、國內第一套中文企業管理文獻資料庫及經營競賽遊戲

　　一九八六年，第四任所長司徒達賢創辦國內第一套中文企業管理文獻資料庫，將其定名為「企管文獻摘要檢索系統」（Management Abstract Retrieval

System, MARS），召集學生一起進行全國論文及雜誌的搜集，並撰寫摘要，找出關鍵詞以利使用者在個人電腦上蒐尋。而為了讓教學活潑化，司徒達賢也自國外引進全台第一套經營競賽遊戲（computer game），並請當時就讀博士班的吳思華領導同學重新設計系統及程式，並以「BOSS」（Business Operation Simulation System）命名，讓學生透過電腦遊戲，模擬企業經營決策過程。這也是台灣第一次出現可以輔助教學及舉辦大型比賽的電腦經營競賽遊戲。

一九九六年以後，政大創新腳步持續不輟

本書回顧的主要是一九九六年以前，政大早期在企管教育上的各項創舉。一九九六年以後，國內各大商管學院也都在各方面突飛猛進，在研究與教學方面也各有成就與特色。然而政大完成了早期的開創任務後，創新的腳步仍未停歇。

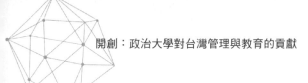

一、定期派送教師至哈佛大學進修，並成為哈佛商業個案在台總代理

　　政大商學院是國內第一批每年定期派送教師到哈佛大學學習個案教學及個案撰寫的學院之一，也率先與加拿大最大個案發行學校，西安大略大學商學院（IVEY）進行短期的個案教學工作坊種子教師培育訓練。這些種子教師回國後不僅將個案教學帶入教學，也從事個案寫作，並與IVEY合作撰寫出版個案，將台灣的個案教材以英文發表於世界上。

　　哈佛商學院後來也與政大商學院簽約，由政大作為哈佛管理個案在台灣的總代理；各校教師可以免費上網瀏覽哈佛個案，若將來成為教材才需要付費。經由政大購買哈佛個案，還有優惠價格，主要是推動大家採用個案教學。

　　從二〇一〇年開始，司徒達賢也在博士班（包

括DBA，產業組博士班）開設個案教學法的研討
課程，開放校友及校內外老師來旁聽。並經由試
教、錄影回饋等系統化方式，持續推動個案教學。

二、成立參與式教學與研究發展辦公室 （PERDO）

　　政大商學院於二○○六年，參考哈佛大學商學
院的做法，成立參與式教學與研究發展辦公室
（Participation Education and Research Development
Office, PERDO）。

　　PERDO辦公室也是教育上的一項創新，每年
舉辦一至兩次個案教學工作坊，致力推動參與式教
學法（Participant-Centered Learning），這種以學生
為中心的教學方式，由政大商學院老師融合哈佛個
案教學學習經驗及自己的教學經驗來向各校教師分
享個案教學的方法，報名相當踴躍，包括來自香港

的大學教師，以及台灣不同學院（例如醫學院）的教師在內，得到相當好的評價。

博士班學生因為參與過PERDO的活動，或上過司徒達賢的個案教學方法的課，深刻體會個案教學的價值，後來至各大專院校任教時也盡量採用個案教學。這些努力對台灣各院校中，互動式個案教學的推廣也有相當的貢獻。

PERDO還經營一個個案資料庫，協助教師撰寫本土企業管理個案，公開發行，秉承政大管理教育的一貫開放精神，公開給各校教師參考使用。

三、成立信義書院，推動企業倫理教育

政大商學院是全台第一個將企業社會責任與企業倫理教育列入必修課程的大學。二〇一二年，政大商學院獲校友信義房屋創辦人周俊吉捐贈每年新

台幣一千兩百萬元，成立信義書院，發展並推廣企業倫理教育。近年來社會才開始重視ESG（Environment, Society, and Governance）概念時，政大早在十年前就已起步，且系統性推動相關教學與研究；從師資培訓、課程設計、個案撰寫等，不僅是全台最好且唯一的ESG教學與研究中心，而且研究成果已經開始向外擴散，協助各校建立這方面的課程，所有教材也開放給各校教師採用；更因率先實施並產生具體效果，而在國際上受到國外學校的肯定與敬佩。

四、成立第一個產業博士學程（DBA）

政治大學商學院做為全國商管教育的開創者，也在二〇一六年成立台灣第一個教育部高教司正式核定的產業組博士（Doctor of Business Administration, DBA）學程。不同於傳統以培養學術人才為主的博士學程，DBA學程招收在實務界

已有相當成就，且具碩士學位的高階主管，希望他們經由學理的進一步學習，將其實務上的管理經驗更加系統化，使他們將來可以成為具備豐富學術知識及實務經驗的顧問及輔導專家，或各種高階在職專班，例如EMBA的教師。

政大DBA因為是正式成立且針對DBA人才培育打造的，所以授課內容、訓練方式與畢業標準均不同於傳統博士班。此學程彰顯產業博士的特殊價值與專屬設計，至今仍是台灣唯一。

未來管理教育的挑戰

政大從企管系、企研所及公企中心出發，六十年來，不僅引領國內管理教育進行改革與創新，也始終透過學程與課程內容創新，跟上國際潮流，至今不輟。

　　回溯管理教育在過去六十年，一路走來，持續跟隨產業脈動，與時俱進。當企業主、專業經理人在管理上碰到新挑戰時，政大管理教育適時給予協助；而這些產學間的互動又如何激盪出彼此火花，嘉惠後來的學子，讓管理教育累積了許多師生的智慧與經驗，這些智慧經驗，伴隨著台灣社會經濟成長，讓產業腳步得以順利展開。

　　然而，社會變動的腳步從未停歇過；在過去這幾年，資訊科技的快速發展與廣泛應用，加上各種政治因素造成的全球供應鏈重新洗牌，甚至自二〇二〇年來全球疫情蔓延使遠距教學、上班、會議等有可能成為常態，而在廣義的網路科技推動下，消費者和員工的思維方式與行為模式，也會與目前大不相同。這些對交易行為、產業結構，乃至競爭優與競爭基礎等，都必然產生根本上的影響。這些不僅值得各種學科的人士分析思考，管理教育者也來到需要再次思考與革新的里程碑。

　　在此一巨大的變局下，管理教育應如何因應甚至超前部署，是所有從事管理教育者所應思考規劃的。在未來的開創中，政大不會缺席，而且也希望能扮演更積極與領先的角色。

注釋

1　資料來源：《楊必立教授百齡紀念文集》。

2　資料來源：《開創與變遷：大中華地區的管理教育》，杜志挺著。

3　資料來源：《台灣經濟再奮發之路：擷取過去70年發展經驗》，葉萬安著。

4　資料來源：《開創與變遷：大中華地區的管理教育》，杜志挺著。

5　資料來源：《轉型中的我國大學和管理教育》，許士軍著。

6　資料來源：《轉型中的我國大學和管理教育》，許士軍著。

7　資料來源：《楊必立教授百齡紀念文集》。

8　資料來源：《轉型中的我國大學和管理教育》，

許士軍著。

9　資料來源:《台灣經濟再奮發之路:擷取過去70年發展經驗》,葉萬安著。

10　資料來源:《哈佛商業評論》數位版文章〈「個案教學」到底在教什麼?讓你終身受用的7項元技能〉,二〇二二年一月六日。

附錄

政大MBA教育發展年表，自1960年至2000年間。

年份（西元）	政大企管教育發展	台灣政經發展
1959	● 美國兩份劃時代研究報告：卡內基基金會報告與福特基金會報告 強調MBA教育應以培育企業經理人才為主，MBA自此成為大學管理教育主流。	
1962	● 國立政治大學與密西根大學簽訂合作計畫	
	● 政大企業管理學系成立，任維均擔任首任企管系主任 為大中華區第一所成立MBA的大學，最早引進現代化管理教育，擔負起培育台灣企管人才任務。	
	● 政大公企中心成立 台灣管理教育起源地，提供高階公務人員及企業經營主管專業在職進修課程。	

1964

- 政大企業管理研究所碩士班，設於台北市金華街政大公企中心，楊必立擔任第一任所長

  為國內第一間企業管理研究所。

1965

- 企研所碩士班入學考試增設甲組，招收理工科系畢業生，並增設在職組

  首創打破科系限制招生。

- 美國終止對台經援計畫

1970

- 許士軍接任政大企管系主任

1971

- 台灣退出聯合國

1973

- 國際石油危機

- 推動十大建設

- 成立工研院、推動高科技產業發展

1974

- 許士軍擔任政大企研所第二任所長

- 出版《台灣企業管理個案集》第一、二輯

  為國內第一本企業管理個案專輯。

1976
- 出版《台灣企業管理個案集》第三、四輯
- 政大增設企研所博士班
  為國內首創企研所博士班。
  司徒達賢回台任教，開始互動式個案教學。

1977
- 出版《管理與政策個案集》

1979
- 劉水深擔任企研所第三任所長
  推動「企業診斷服務」課程。

1980

- 桃園中正國際機場落成
- 設立新竹科學園區
- 第二次石油危機

1981
- 出版《管理與組織個案集》
- 政大企業家管理發展進修班（企家班）成立，有「華人世界第一總裁班」之稱
  首創研究所甄試入學方式，為華人歷史最久且享有極高聲譽的高階經營管理培訓班。

1982
- 創辦《管理評論》
  全球第一本華文管理學術期刊。

1983
● 成立「光華管理策進基金會」

1984
● 司徒達賢接任企管系主任
● 推動十四項
建設

1985
● 接受經濟部及教育部委託，辦理
「科技管理研習班」
● 舉辦首屆企業經營模擬競賽營

1986
● 司徒達賢接任企研所第四任所長
推行博士生上下學簽到制度、博士生
實施論文預考制度，規定博士生修五
管。

1987
●「科技管理研習班」改為「科技管
理研究班」，由政大企研所設立
國內首創科技管理在職專班。
● 解除戒嚴
● 台灣開放人
民前往大陸
探親

1988
●「中華民國企業管理文獻摘要檢索
系統」成立
為國內第一套中文企業管理文獻資
料庫。

1990
● 第三次石油
危機

1991
● 終止動員戡
亂時期

1992
- 賴士葆接任企研所第五任所長

1996
- 系所合一，企研所與大學部合併為企業管理學系

1997
- 碩士班及博士班由公企中心遷回校本部商學院大樓
- 企家班校友會敦請司徒達賢擔任長期總導師

1998
- 政大商學院開辦「EMBA經營管理碩士學程」
  大量採用個案教學與體驗式教學。

2000
- 開辦「行銷學程」及「人力資源管理學程」

- 舉辦首次總統公民普選
- 亞洲金融風暴爆發

筆記

筆記

國家圖書館出版品預行編目（CIP）資料

開創：政治大學對台灣管理教育的貢獻/楊倩蓉著.
-- 第一版 . -- 臺北市：遠見天下文化出版股份有限
公司, 2022.03
　面；　公分 . --（財經企管；BCB752）
ISBN 978-986-525-460-5（平裝）

1.CST: 國立政治大學企業管理學系 2.CST: 歷史
3.CST: 文集

525.833/101　　　　　　　　　　111001168

財經企管 752

開創

政治大學對台灣管理教育的貢獻

口述 —— 許士軍、劉水深、司徒達賢等
採訪整理 —— 楊倩蓉
總編輯者 —— 吳佩穎
副總編輯 —— 黃安妮
責任編輯 —— 黃筱涵
校對 —— 魏秋綢
封面設計 —— 張議文
內頁設計排版 —— 藍天圖物宣字社

出版者 —— 遠見天下文化出版股份有限公司
創辦人 —— 高希均、王力行
遠見・天下文化　事業群董事長 —— 高希均
事業群發行人／CEO —— 王力行
天下文化社長 —— 林天來
天下文化總經理 —— 林芳燕
國際事務開發部兼版權中心總監 —— 潘欣
法律顧問 —— 理律法律事務所陳長文律師
著作權顧問 —— 魏啟翔律師
社址 —— 台北市104松江路93巷1號
讀者服務專線 —— (02)2662-0012｜傳真 —— (02)2662-0007；2662-0009
電子信箱 —— cwpc@cwgv.com.tw
直接郵撥帳號 —— 1326703-6號 遠見天下文化出版股份有限公司

製版廠 —— 中原造像股份有限公司
印刷廠 —— 中原造像股份有限公司
裝訂廠 —— 中原造像股份有限公司
登記證 —— 局版台業字第2517號
總經銷 —— 大和書報圖書股份有限公司｜電話 —— (02)89902588
出版日期 —— 2022年3月10日第一版第1次印行

定價 —— 480元
ISBN —— 978-986-525-460-5
EISBN —— 9789865254759（EPUB）；9789865254742（PDF）
書號 —— BCB752
http://bookzone.com.tw

天下·文化
BELIEVE IN READING